v. Gottl-Ottlilienfeld

**Freiheit vom Worte**

Vom Verfasser erschien im gleichen Verlage:

## Die Grenzen der Geschichte

Erweiterung eines Vortrages,
gehalten am 17. April 1903 in der
VII. Versammlung Deutscher Historiker
in Heidelberg

Gr. 8⁰.  IX, 142 S. 1904
Grundpreis 3 M.

# FREIHEIT VOM WORTE

## ÜBER DAS VERHÄLTNIS EINER ALLWIRTSCHAFTS-LEHRE ZUR SOZIOLOGIE

VON

### Dr. FRIEDRICH v. GOTTL-OTTLILIENFELD

O. PROFESSOR DER THEORETISCHEN NATIONALÖKONOMIE
AN DER HAMBURGISCHEN UNIVERSITÄT

MÜNCHEN UND LEIPZIG
VERLAG VON DUNCKER & HUMBLOT
1923

Alle Rechte vorbehalten.

Copyright by Duncker & Humblot
München und Leipzig 1922.

Altenburg
Pierersche Hofbuchdruckerei
Stephan Geibel & Co.

# Max Weber
## zum Gedächtnis.

## Inhaltsübersicht.

| | Seite |
|---|---|
| Nationalökonomische Erläuterung | 7 |
| Soziologische Zusammenhänge | 25 |
| Methodologische Glossen | 38 |
| Ausklänge | 53 |

## Nationalökonomische Erläuterung.

1. Als »Allwirtschaftslehre« ist weder eine neue Wissenschaft gemeint, noch soll es ein neuer Name sein für die Nationalökonomie. Es handelt sich auch nicht um diese Wissenschaft als Ganzes, nur um ihre Theorie. Es gilt, nationalökonomische Theorie vom Boden einer ganz anderen Grundauffassung aus zu treiben, vom Boden jener nämlich, die ich die »allwirtschaftliche« nenne. Dieser Name, das wird sich zeigen, hebt den Gegensatz zur herkömmlichen Grundauffassung bloß in einseitiger Weise hervor. Auch so aber dient das Neuwort zum sprachlichen Symbol der Forderung, daß sich die nationalökonomische Theorie von Grund aus läutern soll. Wie sich daraufhin ihr Inhalt gestaltet, inwiefern er sich um bestimmte Theoreme bereichert, ob daneben eine Ausmerzung von Scheinproblemen eintritt, mag vorläufig dahinstehen. Jedenfalls geht aus der veränderten Grundauffassung eine neue Haltung der Theorie hervor. Nationalökonomische Theorie von dieser neuen Haltung, das verstehe ich unter Allwirtschaftslehre.

Wird aber der Theorie einer Wissenschaft eine andere Grundauffassung zugemutet, stülpt dies nicht die ganze Wissenschaft um? Wenn es auch sonst zuträfe, hier liegen die Dinge seltsam anders. Neu ist diese Grundauffassung bloß für die Theorie, keineswegs für die Wissenschaft als Ganzes. In der Nationalökonomie sondert sich eben die Theorie von dem weit überwiegenden Rest der Wissenschaft in einer ganz eigentümlichen Weise ab. Gerade in Sachen der Grundauffassung ist die nationalökonomische Theorie hinter ihrer eigenen Wissenschaft nachweislich zurückgeblieben; sie ist rückständig geworden. Nun soll sie aufholen. Nichts anderes ist der Sinn der Forderung, daß sich diese Theorie zur Allwirtschaftslehre läutere. Man sieht, die Wissenschaft als Ganzes gerät darüber keineswegs aus den Fugen; umgekehrt, ihr Gefüge wird ins rechte Lot gerückt.

Allein, eine Wissenschaft denkt man sich doch mit ihrer Theorie aufs innigste verflochten; da bedarf es schon ausnehmender Verhältnisse, ehe ein solcher Zwiespalt in der Grundauffassung einreißen kann. Denkbar bleibt überhaupt nur der Fall, daß sich die Theorie förmlich eingekapselt hätte, als ein Spezialgebiet der Wissenschaft, um das sich die übrigen Gebiete gar nicht weiter scheren. Aufs Haar so liegt es aber in der Nationalökonomie. So gut wie vollständig mangelt es bislang an inneren Beziehungen zwischen Theorie und Empirie in dieser Wissenschaft. Beides führt ausgesprochen sein Eigenleben, geht seine Wege für sich. Verständlich ist dies schon aus dem Werdegang dieser Wissenschaft; darauf soll ein flüchtiger Blick noch fallen. Der letzte Grund wurzelt in der eigentümlichen Art, in der die Nationalökonomie eine Erfahrungswissenschaft ist. Erfahrung schöpft sie aus dem, was uns alle als Alltag umgibt, was also jedermann in irgendeinem Grade schlechthin bekannt ist; daher auch meine einstige Kennzeichnung dieser Wissenschaft als »Erkenntnis des Bekannten«. Daraufhin eröffnen sich ihr zwei gesonderte Wege der Erfahrung: die gemeine Erfahrung, wie ich es damals nannte, und die Erfahrung im Wege wissenschaftlich festgestellter Tatsachen. Schlägt nun die Theorie einseitig den Weg der gemeinen Erfahrung ein — ein Theoretiker vom Range Friedrich v. Wiesers hat sich ausdrücklich dazu bekannt —, während die Ausbeute der aus der Gegenwart und Vergangenheit der Wirtschaft feststellbaren Tatsachen ausschließlich den empirischen Gebieten der Wissenschaft überlassen bleibt, dann allerdings können sich Theorie und Empirie weitab voneinander entwickeln, selbst bis zu völliger Entfremdung zwischen beiden, schon in der Grundauffassung. Ohnehin steht ja die gemeine Erfahrung auch dem zu Gebote, der in Tatsachen forscht; er vermag also Theorie dieses Ursprunges jederzeit für seinen eigenen Bedarf zu improvisieren, und so hält er sich erst recht unabhängig von der zünftigen Theorie. Aber alle diese Dinge erheischen doch ein näheres Eingehen auf den Sachverhalt.

2. Bekanntlich zerfällt die Nationalökonomie ganz ausgesprochen in einen theoretischen Teil und in eine große Zahl empirischer Gebiete, woran sich erst noch mancherlei technische Anhängsel knüpfen. Davon ist der theoretische Teil, also die theoretische Nationalökonomie, vornehmlich in der Nachfolge der »klassischen« Schule aufgewachsen, im Geiste einer »Güterlehre«, einer Theorie der Produktion, Zirkulation, Distribution und Konsumtion der Güter. Diese theoretische Nationalökonomie entfaltet sich zu einer Unzahl engerer »Lehren«; so »vom Werte«, »vom Preise«, »vom Kapital«, »vom Zins«, »von der Rente«, »vom Lohne«, »vom Einkommen«, »von der Produktivität«, »vom Gelde« usw.... Alle diese verschiedenen »Lehren« aber sind mehr oder minder ausgeartet in Zerfahrenheit und Zerstrittenheit, und nachweisbar mußte es so kommen, solange man nationalökonomische Theorie nur vom Boden der herkömmlichen Grundauffassung aus zu treiben weiß. Kein Wunder, wenn daraufhin — und schon seit einigen Jahrzehnten, namentlich vom Methodenstreit Menger-Schmoller her — die theoretische Nationalökonomie steigend sich selber zum Problem geworden ist, zu einer brennenden Frage hinsichtlich ihres Sinnes, ihres Berufes, ihrer ganzen Haltung überhaupt. Auch ich habe vor zwanzig und mehr Jahren eine recht einschneidende Kritik an der herkömmlichen Art geübt, Theorie zu treiben. Gleich vom Beginn an verfocht ich die Ansicht, daß der Nationalökonomie nicht mehr, wie es so oft versucht wurde und immer wieder versucht wird, durch eine »Revision der Grundbegriffe« zu helfen wäre; sitzt doch gerade in diesen »Grundbegriffen« der Wurm. Nur eines hilft: eine »Revision des Grundbegreifens«!

Dies nun läuft auf resoluten Auswechsel der Grundauffassung hinaus, um endlich auch in der Theorie Schritt zu halten mit der sonstigen Entwicklung unserer Wissenschaft. Das Verdienst an dieser Entwicklung gebührt der Empirie, der Forschung in Tatsachen. Wie überaus viel die Nationalökonomie ihrer Empirie verdankt, das spiegelt sich schon äußerlich in ihrem gewaltigen Wachstum. Über dem Ausbau ihrer empirischen Gebiete hat sich die Nationalökonomie zu einem ganzen Bündel von Fachwissenschaften entfaltet, von denen jede für sich wieder in die Breite und Tiefe gediehen ist. Ihrem Umfang und der Fülle ihres Inhaltes nach sucht unsere Wissenschaft daraufhin wahrlich ihresgleichen. Zugleich aber verschob sich ihr geistiger Schwerpunkt bald nach der Empirie hin. Daran ändert auch jener oberflächliche Eindruck nichts, dem die allgemeine Meinung stets wieder erliegt; für diese verharrt ja die Theorie auch dann im Vordergrund und wird für das Hauptstück der Wissenschaft genommen, wenn sie doch nur einer täuschenden Fassade gleichkommt, ohne jeden organischen Zusammenhang mit dem mächtigen Bauwerk dahinter. So ist es aber tatsächlich um die nationalökonomische Theorie von heute bestellt. Sie ist des Anspruchs verlustig gegangen, den jede Theorie einer reifen Wissenschaft erheben darf: vornehmlich von sich aus der Empirie die Ziele zu setzen und die rechten Wege zu weisen, unbedingt aber das letzte Wort der Erkenntnis zu sprechen, über die Ergebnisse der Empirie noch hinaus. Von solcher Führung und geistigen Obergewalt der nationalökonomischen Theorie ist heute nichts zu spüren. Einseitig gehorchen die empirischen Gebiete den herrischen Anregungen des Lebens selber. Nur von da her gestalten sie ihr reiches Eigenleben aus und nehmen im übrigen selbstherrlich ihre Entwicklung, ohne Acht und Rücksicht darauf, was nebenher in der Theorie getan und unterlassen wird. So konnte es auch kommen, daß sich die Forschung in Tatsachen für ihren eigenen Teil eine Grundauffassung zu erarbeiten wußte, weitab von jener, an der die Theorie durchschnittlich immer noch festhält.

Von der Grundauffassung, wie sie in der reifen Empirie unserer Tage lebt, der Theorie förmlich zum Trotz, war schon zu sagen, daß sie durchaus in Einklang stünde mit jener, die ich die allwirtschaftliche nenne. Übrigens erfolgt diese Nennung, die mir aus Gründen der klaren Stellungnahme geboten erscheint, erst hinterher. Denn vertreten habe ich eine grundsätzlich gleiche Auffassung bereits im Vollzuge meiner damaligen Kritik, besonders in der erkenntniskritischen Schrift »Die Herrschaft des Wortes«. Schon damals war hervorzuheben, daß ich mich bei meinem scharfen Angriff auf die Theorie völlig in einer Linie mit der Empirie weiß. Es ist mir aber keineswegs darum zu tun, die Empiriker zu Kronzeugen für die Richtigkeit meiner Ansicht zu pressen. Vielmehr genügt hier der schlichte Hinweis auf jenen Einklang der Auffassungen. Hat doch dieser Hinweis überhaupt nur den Sinn, darzutun, daß ich mir bewußt bin, ganz und gar nichts Neues zu vertreten, und daß mir jeder Anspruch fremd bleibt, »grundstürzend« in unsere Wissenschaft einzugreifen. Die Theorie hinkt einfach dorthin nach, wohin sich die Empirie längst schon durchgearbeitet hat; das ist alles.

3. In der Welt der wirtschaftlichen Tatsachen majorisiert die gewordene Vergangenheit allemal die werdende, die Gegenwart. Dort aber, wo der Stoff

so viel reicher sich darbietet, in der weithin sich dehnenden Vergangenheit, dort bewegt sich auch der geistige Blick freier, weniger gebunden an Interessen, nicht so beengt durch das Allzunahe. Dies hat der Wirtschaftsgeschichte die Vorhand eingeräumt, so daß vornehmlich sie die fragliche Auffassung zu erarbeiten wußte; Wirtschaftsgeschichte nicht als Abart der Geschichte gemeint, sondern als vollwertig nationalökonomische Forschung. Sie ist uns wahrhaft zum Lehrgang geworden, Wirtschaft richtig zu sehen als einen Tatbestand des Lebens, und richtig auch als Problem zu sehen. So tritt uns vor allem aus den reifsten der wirtschaftsgeschichtlichen Leistungen die fragliche Auffassung klar entgegen. Es ist überhaupt nur diesem angeblichen »Historismus« zu verdanken, wenn sich jene Auffassung seither auch in einer steigenden Zahl der Arbeiten durchsetzt, die von der Gegenwart des Wirtschaftslebens handeln. Und sie setzt sich, in hellem Gegensatz zur durchschnittlichen Haltung der Theorie, sogar bis in diese hinein durch; mindestens gilt dies für einzelne Gipfelleistungen, so für Georg Friedrich Knapps »Staatliche Theorie des Geldes«, für Alfred Webers »Industrielle Standortslehre«.

Offenbar klärt sich diese Auffassung so recht erst bei der vollen Reife des fachlichen Denkens ab. Ihr erstes Aufkeimen jedoch reicht weit in die Vergangenheit zurück. Im Grunde ist der Hang nach dieser Auffassung ebenso alt wie der wissenschaftliche Sinn in der Nationalökonomie. Ihre Keime ließen sich ohne Zweifel noch weit vor den »Klassikern« nachweisen. Unter diesen hätte Adam Smith, wäre es auf den tieferen Gehalt seines grandiosen Werkes angekommen, die Ausreife gewaltig fördern können. Aber leider vollzog sich die weitere Entwicklung weniger im Lichte als im Schatten seiner Leistung. Schale Wortgläubigkeit war sofort dahinterher; ein bloßes Fortspinnen begann, und nicht etwa der vielen Ansätze zu reifster Theorie, nein, ein kleinliches Fortspinnen ausgerechnet nur von dem, was sich dieser Kenner des Lebens von richtigen Gemeinplätzen her und sozusagen nur für den eigenen Gebrauch als Theorie zurechtlegte, mit der leichten Hand dessen, der wirkungsvoll fürs Leben schreiben will, nicht aber verantwortungsvoll für die Lehre. So hat man dieses urgewaltige Buch, die unerhört erfolgreiche Streitschrift für die Neuwirtschaft von damals, als ein Lehrbuch auszubuchstabieren sich nicht gescheut. In der weiteren Folge davon ist unsere Wissenschaft mit dem Wasserkopf der »klassischen« Schule aufgewachsen. Auch schon David Ricardo krittelte buchstabierend an Smith herum. Seinem überlegen scharfen Geiste stand freilich mehr als »gemeine« Erfahrung zu Gebote. Immerhin, und das entschied für die Epigonen, schon er erhob das einseitige Ausschlachten der gemeinen Erfahrung zum Forschungsprinzip der nationalökonomischen Theorie. Ricardo verhalf einer Wissenschaft, die tatsachenhungrig wie keine ist, bereits zu einem Zeitpunkt, als ihre eigentliche Tatsachenbasis noch überaus schmal war, zu einer ganz verfrühten Reife ihrer Theorie. Diese Reife ging natürlich nicht unter die Oberfläche; aber für den Eindruck auf die Zeitgenossen genügte auch dies, in der verhängnisvollsten Weise. Von da ab lag unsere Theorie an der

Kette ihrer »Grundbegriffe«, gefangen in der »klassischen« Auffassung. Weil sie ausschließlich aus der gemeinen Erfahrung schöpfte, war sie ein Gebiet ganz für sich geworden; sie blieb wie von einer chinesischen Mauer umzogen, jedoch in verkehrtem Sinn: im Innern eitel Kampf der wortverhetzten »Theorien«, während draußen, ganz ungestört davon, die Forschung in Tatsachen an der eigentlichen Erkenntnis arbeitet. Man gehe die Reihe der Wissenschaften hin und her durch, dieses Verhältnis findet sich kein zweites Mal.

In der Folge konnte es nur im Widerspruch zur »klassischen« Schule geschehen, daß die fragliche Auffassung aus ihren Keimen schlüpfte. Solange aber dieser schöpferische Widerspruch in einer Theorie stecken blieb, die abermals nur auf gemeiner Erfahrung beruhte, wie etwa bei den »Romantikern«, war nicht viel erreicht; der vorzeitigen Reife war bloß eine verfrühte Opposition gemacht. Ungleich mehr hat Friedrich List ausgerichtet durch die Vehemenz, mit der er gleichsam das Wirtschaftsleben selber gegen dessen theoretische Verkennung zum Kampfe aufrief. Die entscheidende Wendung trat erst ein, als eine bewußt lebensvollere Auffassung der Wirtschaft als ein Programm aufgestellt wurde, dem in der Folge auch seine Erfüllung beschieden war durch das Aufblühen der Empirie in unserer Wissenschaft, durch eine methodische Pflege der Forschung in Tatsachen! Diese hatte ja nie ausgesetzt, der Faden war nie gerissen. Nun, in der Hochflut empirischer Leistungen, während der zweiten Hälfte des 19. Jahrhunderts — das Beispiel der gewaltigen Schriftenreihe des »Vereins für Sozialpolitik« sagt hier das Beste —, gedeiht die Auffassung, die alle Wirtschaft richtig als Leben zu packen sucht, endgültig zur Reife! Wilhelm Roscher, der selber in theoretischen Dingen von naivster Wortgläubigkeit umfangen blieb, hat eigentlich nicht viel mehr als den äußeren Anstoß dazu gegeben. Den Geist steuerte Bruno Hildebrand bei, vor allem aber mein alter Lehrer Karl Knies. Sein »schlecht geschriebenes« Jugendwerk — allerdings taumelt und stolpert da der Ausdruck über die Fülle der Gedanken — trägt wohl das Hauptverdienst daran, wenn sich die deutsche Nationalökonomie gleich in ihrem eigenen Bereich zu jener Läuterung durchrang, die anderwärts ganz andere und krumme Wege einschlagen mußte. Um es vorgreifend anzudeuten: Soziologie, als »Forderung«, hat sich bei uns zuerst in der Nationalökonomie selber durchgesetzt, in deren empirischen Teilen, unbekümmert um die rückständige Theorie; während in anderen Ländern das Schwergewicht einer orthodoxen Theorie dazu führte, daß sich Soziologie bloß neben der Nationalökonomie gestalten konnte, gleich als gestempelte Soziologie auftretend. Dies verschuldet zwar den Schein unserer angeblichen »Rückständigkeit« in Soziologie; letzten Endes bedeutet es doch einen Vorsprung. Er verriet sich ja bisher schon in der werbenden Kraft der deutschen Nationalökonomie geläuterter Auffassung — in bezug auf diese ist der Ausdruck »historische Schule« ein durchaus schiefer; gibt er doch den bloßen Weg, den die Läuterung notgedrungen einschlagen mußte, für die Sache aus. Der Gang, den es bei uns nahm, ist aber auch verheißungsvoll für die Zukunft. An der orthodoxen

Theorie der Romanen und Angelsachsen droht alle ihre Soziologie dauernd abzuprallen: der Versuch, in dieser Form die Theorie zu läutern, müßte ja als ein unzulässiger Eingriff von außen empfunden werden. Bei uns erledigt sich das Gleiche zwanglos als eine häusliche Angelegenheit der Nationalökonomie; sie selber rechnet einfach mit der rückständigen Auffassung ihrer Theorie ab. Da wird nur in eigener Sache das Schiefe gerade gebogen.

Bei einem bloßen Hinweis darauf, wie sich in der Nationalökonomie, ihrer eigenen Theorie zum Trotz, jene lebensvolle Auffassung durchgerungen hat, kommt das Besondere einzelner Fälle unmöglich zu seinem Recht. Geschweige, daß sich auch die ganz absonderliche theoretische Stellung einzelner, zum Beispiel **Albert Eberhard Schäffles**, zureichend würdigen ließe. Er hat unstreitig für die Theorie nach einer tieferen Grundauffassung gerungen. Es ist aber klar, eine eingerottete Grundauffassung läßt sich nicht so eins zwei über den Haufen rennen, ohne daß Erkenntniskritik eingreift. Ihr fällt die Aufgabe zu, den herkömmlichen Gedankengang überall dort aufzulockern, wo er im geheimen seine falschen Ruhepunkte findet.

An Erkenntniskritik gebricht es auch jenem unvergleichlichen Werke, mit dem **Gustav v. Schmoller** den zünftigen Theoretikern ins Handwerk des Lehrbuchs gepfuscht hat. Darum setzt er sich mit der Theorie ganz wie von gleich zu gleich auseinander. Und doch offenbart sich an diesem Buche wie nie zuvor die Kluft zwischen den zwei Grundauffassungen: zwischen der rühmlich erarbeiteten und jener unrühmlich ererbten, die heute noch im breiten Durchschnitt ganz so festgehalten wird wie einst, als sie beim naiven Einsatz der Theorie das notwendige Übel war. Freilich, der Verzicht auf Erkenntniskritik ist bei einem Buch eher verständlich, hinter dem die Summe der Forschung in Tatsachen steht; deren Ergebnisse wissen für sich selber zu sprechen. Nur fehlt es bei **Schmoller** auch da an der letzten theoretischen Zuspitzung. Man kann unseren Empirikern ihre Abneigung gegen Theorie von der heute noch durchschnittlichen Sorte gewiß nachfühlen. Aber ein Lehrbuch gleichsam ohne Theorie, übertreibend gesagt, das kann die Mission für sich allein nicht erfüllen, die ihm bei seinen sonstigen Qualitäten zufiele. Es bricht wohl der geläuterten Auffassung kraftvoll Bahn, unterhöhlt die Grundlagen der herkömmlichen Theorie. Dennoch bleibt diese daneben aufrecht, im falschen Schein, schlechthin die nationalökonomische Theorie vorzustellen, trotzdem schon ihre Zeit so offenkundig abgelaufen ist. Was aber fallen will, das soll man stoßen. Den Stoß selber muß Erkenntniskritik führen. Diese wird sich freilich nur dann endlich durchsetzen, sobald ausführende Theorie hinter ihr steht, getragen von der geläuterten Auffassung. Hier schreibe ich gleichsam nur das Vorwort dazu.

4. Nennt man die Auffassung, durch die sich die nationalökonomische Theorie läutern soll, die allwirtschaftliche, die geläuterte Theorie dann Allwirtschaftslehre, so hebt dies nicht den eigentlichen Wandel hervor, der sich hier vollziehen soll, mehr nur einen einzelnen Erfolg davon. Was sich im letzten Grunde dabei wandelt, wird erst in der Folge absehbar: es soll die »Wortgebundenheit« der herkömmlichen Theorie überwunden werden, zu-

gleich das »Güterselige«, das »Unsoziologische« ihrer Haltung. Jener einzelne Erfolg aber beruht darin, daß die geläuterte Theorie im Verbande ihrer Wissenschaft spezifisch mehr zu leisten vermag als die herkömmliche. Kurz gesagt, besitzen wir vorläufig nur eine Theorie der Wirtschaft von heute; eine Theorie aber, die gerade infolge dieser Einschränkung selbst ihrem engen Vorwurf nicht gerecht wird. Was also nottut, ist eine Theorie, die ausdrücklich auch der Wirtschaft von heute darum besser beikommt, weil sie einfach der Erfassung aller und jeder Wirtschaft gewachsen bleibt, wie immer auch das Wirtschaftsleben seinen Formen nach geartet war und wäre. Eine Theorie, solcher Leistung fähig, darf sich wohl Allwirtschaftslehre nennen.

Dem Namen »Allwirtschaftslehre« wird hoffentlich die Mißdeutung erspart bleiben, als ob da ein »Inbegriff« gemeint wäre, der sowohl »Volkswirtschaftslehre« wie auch »Weltwirtschaftslehre« und »Privatwirtschaftslehre« umspannt. Es ist bedenklich genug, drechselt man wie hier aus einem imposanten Ganzen und zweien seiner zahlreichen Teile eine ebenmäßige Reihe, um sich daraufhin zu gewöhnen, daß man eine Wissenschaft von diesem Range in einem Atem nennt mit der Zusammenfassung einiger ihrer empirischen Spezialgebiete auf der einen und mit einem ihrer technischen Annexe auf der anderen Seite; handelt es sich bei der »Privatwirtschaftslehre« im Kerne doch um die Kunstlehre vom unternehmungsweisen Erwerb, also um Unternehmungsführungslehre, die man natürlich nicht mit ihrer eigenen Hilfstechnik, Buchhaltungslehre usw. verwechseln darf. Dieses Nebeneinanderstellen mag vom Standpunkte des Lehrbetriebes noch hingehen, bei dem man auch mit praktischen Interessen zu rechnen hat, und so zum Beispiel auch mit dem sehr erheblichen Belang von engeren Berufslehren des modernen Geschäftslebens. Theoretisch aber läßt sich eine Reihe überhaupt nicht ernst nehmen, die schlankweg nebeneinanderstellt, was in der verwickeltsten Weise ineinander hängt. Der Gipfel wäre nun mit jener widersinnigen Deutung des neuen Namens erstiegen: Allwirtschaftslehre als »Inbegriff der drei Wissenschaften von der Wirtschaft«.

Für unsere Wissenschaft selber, da ziehe ich doch den Namen »Nationalökonomie« allen anderen vor, weil er nachgerade zu einer bloßen Wortmarke verflacht ist, ohne daß man seinem eigenen Sinn noch viel Gehör schenkt. Anders schon beim Namen »Volkswirtschaftslehre«. Wie es in dieser Verdeutschung um so deutlicher anklingt, engt dann ihr Name den Vorwurf unserer Wissenschaft ausdrücklich ein. Weist doch das Wirtschaftsleben wohl heute und bei uns, aber nicht zu allen Zeiten und überall die Sozialform der »Volkswirtschaft« auf. Mittelbar stellt daher jener einengende Name die Nationalökonomie als eine Art »Gegenwartswissenschaft« hin. Ganz so faßt es auch die landläufige Meinung über die Nationalökonomie auf. Daher erblickt man in der sogenannten Wirtschaftsgeschichte nur eine bloße Ergänzung der Nationalökonomie, zu der ihr angeblich die Geschichtswissenschaft verhilft. Gerade darüber ist nun unsere Wissenschaft in schöpferischer Tat längst zur Tagesordnung übergegangen. Was da als Wirtschaftsgeschichte erwuchs, ist auch nur empirische Nationalökonomie, mit ihren Problemen aber auf Vergangenes eingestellt. Zwar wird niemand blind für das vorwaltende Interesse sein, das wir als Lebende dem Leben um uns entgegenbringen, dem wir selber verflochten bleiben. So ruht auch für die wissenschaftliche Arbeit in der Nationalökonomie der Ton stets auf dem heutigen Wirtschaftsleben; und die Art, wie sie dieses geistig zu bewältigen vermag, wird allemal der Gradmesser ihres Erfolges sein. Aber diese Tatsachen des praktischen Interesses erschüttern nicht im mindesten das grundsätzliche Verhältnis: als Erfahrungswissenschaft steht die Nationalökonomie vor dem Tatbestand des Wirtschaftslebens überhaupt, einem gewaltigen Strom erlebter Wirklichkeit. Eitel Bewegung bleibt ja auch das Gegenwärtige, nicht bloß dem Stoff nach, als Geschehen; auch als Gestaltung dieses Stoffes besagt das Wirtschaftsleben etwas durch und durch Gewordenes, das auch nie aufhört, ein Werdendes zu bleiben. Zeitliche und örtliche Grenzen sind jedenfalls dem Vorwurf unserer Wissenschaft grundsätzlich nicht gezogen. In diesem Geiste versuchte ich einst die Nationalökonomie auch zu kennzeichnen, an der Hand bewußt unaufgelöster Begriffe und in roher Annäherung bloß, als die »Erfahrungswissenschaft vom Alltagsleben aller Zeiten und Völker«.

Man könnte mich nun fragen, weshalb ich nicht gleich den Namen unserer Wissenschaft umgeändert wissen will, aus »Volkswirtschaftslehre« in »Allwirtschaftslehre«; das wäre sie doch, meiner Auffassung nach. Gewiß ist sie das, ihrer eigenen Theorie herkömmlicher Haltung zum Trotz; und sie ist Allwirtschaftslehre nicht bloß im Grundsatze, sondern ausdrücklich auch der tatsächlichen Auffassung nach, soweit diese in der Empirie lebt, im markigen Großteil der Wissenschaft. Aber gerade dies hält mich von der Neubenennung ab. Ich würde es ja begrüßen, wenn mehr Einheit im Gebrauch des zureichend abgegriffenen Namens »Nationalökonomie« zustande käme, auch auf Kosten der krankhaften Neubildung »Sozialökonomik«. Dagegen erschiene es mir recht müßig, an einer einmal so eingebürgerten Bezeichnung zu rütteln. Wozu? Nur um der Wissenschaft auch noch im Namen aufzudringen, was sie in der Sache zum besten Teile längst schon errungen? Da bleibt es meine Anschauung, daß einer Wissenschaft, die sich selber gefunden hat, gar nichts gleichgültiger sein kann als ihr eigener Name.

5. Bloß der nationalökonomischen Theorie halse ich den Namen »Allwirtschaftslehre« auf, unter dem Vorbehalt ihrer Läuterung. Übrigens auch ihr nur vorübergehend. Je früher sich das Neuwort wieder entbehrlich machen würde — hätte sich nur erst die so benannte Auffassung auch in unserer Theorie überwiegend durchgesetzt, wären Theorie und Empirie nur erst glücklich im Geiste geeint, dürfte also die »allwirtschaftliche« als die nationalökonomische Grundauffassung schlechtweg gelten —, je früher mithin dieser Name als Streitruf im Kampfe schon seinen Dienst getan und abdanken könnte, um so besser! In der Zwischenzeit aber ist diese Nennung für die Theorie sicher nicht gleichgültig. Die nationalökonomische Theorie, im Durchschnitt, hat sich ganz und gar noch nicht selber gefunden. Im Gegenteil, sie hat sich

innerlich verloren, an eine Einzelheit des großartigen Vorwurfes unserer Wissenschaft, an einen vereinzelten »Fall« von Wirtschaft, nämlich an das »heutige« Wirtschaftsleben! Wahrhaft innerlich verloren. Es ist nicht an dem, daß sich der Inhalt der herkömmlichen Theorie darin erschöpft, ein Gedankenbild zurecht zu zimmern ausschließlich von der heutigen Wirtschaftsweise, sagen wir von der »Erwerbswirtschaft« — alle wirtschaftliche Selbstbehauptung ist heute Erwerb von Einkommen, und beim unternehmungsweisen Erwerb die Aktivität der Wirtschaft. Auf das Besondere dieser Wirtschaftsweise, das ist das Bedenkliche, hat sich die Theorie gleich von Grund aus festgelegt. Daraus erwachsen für die Denkbewegung in der herkömmlichen Theorie geheime Bindungen; geheim, weil sich der Theoretiker ihrer gar nicht bewußt ist. So denkt er gleichsam zwangsläufig in der Ausrichtung auf das geschichtlich Zufällige der »Erwerbswirtschaft«. Was da unterläuft, darf man nicht so ausdrücken, als bediene sich diese Theorie eines Begriffsapparates, der »auf die Erwerbswirtschaft zugeschnitten« wäre. Entscheidend sind dafür allerdings die sogenannten »Grundbegriffe«. Diese aber, das wird noch klarer, legen das Denken keineswegs auf bestimmte Begriffsinhalte fest, sondern auf bestimmte Probleme. Und so enthüllen sich jene Bindungen darin, daß die herkömmliche Theorie — kraft der Gewalt von problemvertretenden Worten — eingebunden bleibt in eine auf die »Erwerbswirtschaft« zugeschnittene Problematik! Offenbar fällt es der allwirtschaftlichen Auffassung als Aufgabe zu, der Theorie herauszuhelfen aus dieser fatalen Verstrickung ins »Erwerbswirtschaftliche«.

Es ist klar, wie böse sich die Erkenntnis verzerren muß, wenn die Theorie, wider Willen und Wissen, an jedes beliebige Wirtschaftsleben immer nur die einseitig der »Erwerbswirtschaft« abgesehenen Probleme heranbringt; oder, falls man dieses Klischee vorzieht, wenn die Theorie über Wirtschaft überhaupt bloß in erwerbswirtschaftlichen Kategorien zu denken vermag. Zum Beispiel also, daß sie überall nur das tauschmäßige Größenspiel einzelner Handlungen vor sich sieht, die immerzu auf Tauschgewinn, ob nun in »Geld« oder »Wert«, ausgerichtet ablaufen, in ihrer Vereinzelung stets wieder nach »Nutzen und Kosten« beurteilt, usw. Gleichwie Faust Helena in jedem Weibe, erblickt die herkömmliche Theorie Erwerb in jeder Wirtschaft. Die Rolle des Zaubertränkleins spielt hier die Auffassung der »klassischen« Schule. Von ihr kommt ja die Theorie auch dann nicht los, sobald sie den »Klassikern« im Äußeren widerspricht; denn ob man nun zum Beispiel »objektiv« oder »subjektiv«, wie es so schön auseinandergehalten wird, die Entscheidung über das Größenspiel der Handlungen im Tausche fallen sieht, das verschlägt auch nicht das mindeste, solange man eben stets wieder die vereinzelten Handlungen gegeneinander im Spiele wähnt. Dort zum Beispiel, wo der Tausch fehlt, wird dann einfach der »innere« Tausch in das Wirtschaftstreiben hineingesehen, und so weiter. Auf der anderen Seite ist es ganz gut verständlich, wie die »klassische« Schule dazu kam, an dem Zaubertränklein just dieser Auffassung zu brauen. Ihr drängte sich die »erwerbswirtschaftliche«, als die gerade noch im Status nascendi befindliche Verfassung damaligen

Wirtschaftslebens, besonders wuchtig auf; überdies wußte sie die gemeine Erfahrung in der Hauptsache nur mit börsenmäßiger Erfahrung empirisch zu unterfüttern.

Wie nachhaltig die »klassische« Auffassungsweise darin wirkt, das theoretische Denken innerlich hörig zu machen der »Erwerbswirtschaft«, dafür liefert Karl Marx ein Beispiel. Seine Kritik heutiger Wirtschaft bewegt sich vornehmlich im Zuge eines Problems, das wie kein zweites der »klassischen« Auffassung spottet. Schlechtweg ein Problem ist es gar nicht, denn es hebt gleich eine Fülle bedeutsamer Probleme in sich auf, Probleme nämlich aus den Grenzgebieten der Sozialwissenschaften untereinander, und in die Ethik hinein. Diese Probleme leiden keineswegs an peripherischer Verflachung; denn gerade dort, im Grenzbereich, wachsen die verschiedenen Erkenntnisarten, die gegenüber dem menschlichen Zusammenleben möglich sind, in der Bedeutsamkeit ihrer Probleme förmlich aneinander empor, gleichwie Flammen bei ihrer Berührung auflodern. Unter jenen Vorbehalten aber darf man es immerhin ein nationalökonomisches Problem nennen und als das Scheitelproblem unserer Wissenschaft erachten, dieses gewaltige Problem des Wirtschaftsschicksals der Menschen und ihrer Gemeinschaften! Marx selber rollt das Problem ganz einseitig auf; das ist seine Sache. Auch so aber mußte ihn die Wucht dieses Problems hinausreißen über die Denkweise herkömmlicher Theorie. Denn in der »Güterlehre« findet dieses Problem keinen Platz; das hieße, den Stier in die Hühnersteige sperren. Rein nur die quantitativen Ausläufer des Problems, Einkommensfragen usw., zwängen sich dem Gedankengang dieser Theorie gerade noch ein, als »Lehre von der Verteilung der Güter«. Das Problem selber atmet allwirtschaftliche Auffassung; für diese spielt eben das Menschenschicksal, soweit es von der Wirtschaft her bedingt ist, nicht auch nur eine lockere Begleiterscheinung der Güterschicksale, wie in der »Güterlehre«. So könnte man erwarten, daß der Schwung jenes Problems ganz von selber auch alle die geheimen Fesseln sprengt, die ganze »erwerbswirtschaftliche« Vernagelung des Denkens überwindet. In hundert Gedankengängen nebenher ringt sich Karl Marx auch frei von dieser Beschränktheit der herkömmlichen Theorie. Im Kern jedoch, gerade vom streng theoretischen Standpunkt aus, da stellt er doch nur die abgeleierte Werthypothese in den Dienst seiner Kritik! Der Lösung des einseitig aufgerollten Problems, wie sie ihm vorschwebt, verleiht er in unbewußter Resignation die Gestalt der »Mehrwert-Theorie«. Das ist helle »Güterlehre«. Nicht nur verschwimmt nun alles zur »Wert«- und »Waren«-Kaballistik, sofort spielen auch wieder, trotz aller Betonung des »Gesellschaftlichen«, ausdrücklich die vereinzelten Handlungen gegeneinander, Zug um Zug, Lohn und Leistung — »erwerbswirtschaftlich« ausgerichtetes Denken also von reinstem Wasser! Fast könnte man sagen »kapitalistisches« Denken, nur eben hier mit verkehrtem Vorzeichen. Die Kritik am Heutigen geht ja bekanntlich strikt verneinend aus; aber sie bewegt sich dabei in Denkformen, die das Verneinte insgeheim wieder bejahen. Denn wie stellt sich der entscheidende Sachverhalt dem Kritiker dar? Als Ausbeutung des Lohnarbeiters, in dem Sinne, daß ihm der »Mehrwert« vorenthalten werde. Danach würde also in einem stets wieder Zug um Zug gedachten Geschäfte der eine Partner übers Ohr gehauen. So läuft letzten Endes alles, die Lösung des schwungvollsten Problems unserer Wissenschaft und die schärfste Kritik heutiger Wirtschaft, theoretisch läuft dies alles nur zu einer Vorstellung in die Spitze aus, deren platt »erwerbswirtschaftliche« Konzeption kaum zu überbieten ist: zur Vorstellung einer Abart von Bemogelung beim Tausche!

6. Es ist jene Schwäche der herkömmlichen Theorie, was einsehbar zum innerlichen Bruch führt zwischen Theorie und Empirie. Versagt nämlich die Theorie hinsichtlich aller vergangenen oder sonst anders gearteten Wirtschaft, wie sie im Arbeitsfelde unserer Wissenschaft doch auch zum Tatsächlichen gehört, dann bleibt dem Empiriker nichts übrig; er muß im gegebenen Falle seine eigene Theorie improvisieren. Das geschieht auch regelmäßig; in vereinzelten Fällen allerdings so, daß der Empiriker daneben gutgläubig auch an der »orthodoxen« Theorie festhält. Dies nötigt ihn wohl zu einem Eiertanz. Übrigens lehrt das Beispiel Werner Sombarts, dem die Empirie unserer Wissenschaft so Unschätzbares dankt, daß selbst dabei Grazie walten kann.

Hier rechne ich nun mit dem Einwand: Wozu überhaupt dieser ganze »Historismus« der Empirie, so weit zurück hinter unserer Zeit! Der Einwand ist von zwei ganz verschiedenen Seiten her zu erwarten und ist dann auch von ganz verschiedenem Tenor. Er droht von seiten dessen, dem meine Auffassung des Heutigen, als bloßen »Fall« von Wirtschaft, in die Nase sticht; denn ihm selber erscheint die Gegenwart sinnvoll nur als verlängerte Vergangenheit, die Zukunft nur als ein festes Sitzenbleiben auf der Gegenwart. Für die andere Seite, da hätte selbst die Gegenwart nur als Sprung in die Zukunft hinüber einigen Sinn, und so erscheint die Vergangenheit schon gar von keinerlei Belang. Natürlich ist mit diesen Anschauungen über den Wert der Vergangenheit, da sie jenseits von Wahr und Falsch halten, keine Diskussion möglich. Dagegen wird es der Erkenntniskritik wohl nicht schwer fallen, schlüssig zu vertreten, wie sehr sich dieser angebliche »Historismus« einfach in der Bahn der Notwendigkeiten richtigen Erkennens bewegt! So viel war hier schon zu sagen, es bleibt schließlich eine Aufgabe der Erkenntnis wie jede andere auch, sucht man nicht bloß der Wirtschaft um uns geistig Herr zu werden, sondern auch der verklungenen oder der entlegenen Wirtschaft. Ist die herkömmliche Theorie dem nicht voll gewachsen, muß unweigerlich Remedur eintreten. Dies besorgt die allwirtschaftliche Auffassung. Wer sie deshalb des »Historismus« anklagt, nun, der kann auch ruhig dem Dachdecker Verstiegenheit nachsagen, oder dem Zoologen animalische Neigungen.

Remedur ist in der anderen Richtung nicht minder geboten. Nur scheinbar ist eine Theorie, die sich vor aller andersgearteten Wirtschaft zu schwach erweist, um so stärker in bezug auf die Wirtschaft von heute. Gewiß nicht auf solche Art läßt sich das wissenschaftliche Denken zu einem »Spezialwerkzeug« für bestimmte Aufgaben gestalten. Bewegt sich eine Theorie so ganz zwangsläufig, der einseitigen Problematik gemäß, in ihrem Denken, so erblüht daraus überhaupt kein Vorzug für sie; und ausdrücklich auch nicht jenem Vorwurf gegenüber, dem sich das Denken dabei zuwendet, nämlich der Wirtschaft von heute. Auch in dieser Hinsicht besagt es immer nur ein einseitiges und hilfloses Festgeranntsein des theoretischen Denkens. Darin liegt nichts von besonderer »Begabung« für Erkenntnis des Heutigen, sondern klipp und klar nur Beschränktheit überhaupt. Oder sollte sich die Sünde nicht rächen, wenn das theoretische Denken einer Wissenschaft so wenig über sich selbst Bescheid weiß, so wenig sich selber in der Hand hat, daß es automatisch einseitig sich bewegt? Es rächt sich dies vorerst so, daß sich die Theorie für die Wirtschaft stets wieder am Erwerb vergreift. Wie weithin aber sind Wirtschaft und Erwerb zweierlei! Wem das heute noch nicht aufgegangen ist, dem ist wirklich nicht zu helfen. Heute sieht man vielfach den Erwerb, gleichwohl ihn selber die schwersten Krisen umlauern und fallweise auch ereilen, inzwischen doch vergleichsweise gedeihen, wie zum Hohn der Wirtschaft. Denn diese schüttelt sich dauernd und weltenweit in einer ganz unerhörten Krise. Krisen in der Wirtschaft hatten wir immer, eine Krise statt der Wirtschaft erst heute. Nicht ohne tiefe Beziehungen dazwischen schlagen ja zwei Krisen zusammen: eine Versorgungskrise ohnegleichen, eine beispiellose Zerrüttung des ganzen Spieles zwischen Bedarf und Deckung, und eine schwere Sozialkrise, indem die breitesten Schichten mit ihrem alten Wirtschaftsschicksal hadern, während eine immer noch breite Schicht ihrem neuen zu erliegen droht.

Mag der Erwerb in der heutigen Wirtschaft noch so wuchtig vorwalten, für ihre Zusammenhänge noch so belangvoll sein, die Wirtschaft selber macht er noch lange nicht aus. Darum vermag eine einseitig an ihm ausgerichtete Problematik der Theorie zu nichts anderem zu führen, als zur Erarbeitung eines Zerrbildes der Wirtschaft. Dies bestätigt sich in dem dürren Tauschmechanismus, in der öden Preisakrobatik, als »Hauptinhalt« der heute durchschnittlichen »Wirtschaftstheorie«; man muß sie wirklich zwischen Gänsefüßchen setzen. Gewiß erheischt auch das Größenspiel in der Wirtschaft die eindringlichste Würdigung, und keineswegs nur, um die einschlägigen Theoreme technisch auszuwerten. Aber diese Theoreme dürfen nicht so völlig in die Luft gebaut werden; und das gilt von ihnen, trotz dem falschen »Fundament« einer offenen oder versteckten Werthypothese. Ihnen fehlt der Unterbau, weil eben ganz einseitig das Größenspiel der Wirtschaft erfaßt wird, zuschulden der nur auf »Angebot und Nachfrage«, auf »Soll und Haben« eingestellten Problematik. Die wahrhaft fundamentalen, die Dinge der Gestaltung in der Wirtschaft, kommen für die herkömmliche Auffassung beinahe völlig um ihr Recht. Geschweige, daß man der abschließenden Gestaltung gerade auch der heutigen Wirtschaft achtet: zum Höchstgebilde nämlich der Volkswirtschaft, und zu deren lebensnotwendiger Verflechtung mit ihresgleichen. Unsere durchschnittlichen Lehrbücher der »Volkswirtschaftslehre« setzen auf ihr Titelblatt just das, was ihr Inhalt schuldig bleibt oder geradezu verneint; das letztere, seine Blindheit also gegenüber der Volkswirtschaft offen zu dokumentieren, ist nicht einmal das Schlimmste. Schlimmer mutet eigentlich das überwiegend geübte Flickwerk in diesem Betracht an, die Verbrämung überhaupt der Theorie herkömmlichen Schlages mit allwirtschaftlich anmutenden Arabesken. Dem ziehe ich beinahe noch den wenigstens folgerichtigen Stumpfsinn der »klassischen« Schule strenger Observanz vor, auch wenn sie beispielsweise nicht einmal das Gebilde der Unternehmung im Blickfeld hatte. Kraß ausgedrückt, war ihr ja eigentlich das ganze Wirtschaftsleben nur eine Börse, mit freiem Zutritt für jedermann, bloß daß der eine mit Geld, der zweite mit Land, ein dritter mit Arbeitskraft am Schranken erschien.

7. Ein richtiges und daher peinigendes Gefühl dafür, wie trüb und verzeichnet sich das Bild der Wirtschaft ausnimmt im Spiegel der herkömmlichen Theorie, hat eigentlich nie gefehlt. Vielleicht in dieser Stimmung hat man von dem »Geldschleier« gesprochen, der über dem Wirtschaftsleben läge. Ihn müßte man erst lüften, um die Dinge so zu sehen, wie sie wirklich sind. Man versuchte ihn wegzuziehen; aber was vermochte man bei gleichbleibender Grundauffassung hinter ihm zu erschauen? Doch nur die »Güterbewegung« in ihrer »naturalen« Unverhülltheit. Es entzog sich notwendig der Einsicht, wie auch dieses ganze »Güterleben« stets nur das Außenbild der Wirtschaft bedeutet, weil es doch stets nur die sinnfällige Begleiterscheinung aller Wirtschaft ausmacht, wenn man die Güter ihren Schicksalsweg ziehen sieht bei ihrem Werden, Wandern und Vergehen. So haftet auch jener »Geldschleier« eigentlich nur der »Erwerbsmaske« an, die vor dem Blick der herkömmlichen Theorie die Wirtschaft trägt. Abreißen braucht man ihr diese Maske ebensowenig als gesondert jenen Schleier lüften. Beides fällt zugleich und ganz von selber, sobald nur die Wirtschaft richtig als Wirtschaft und Wirtschaft richtig als Leben gesehen wird im Geiste der allwirtschaftlichen Auffassung. Das heißt natürlich nicht, als würde nun wieder der Erwerb übersehen oder etwa die Rolle des Geldes; sondern umgekehrt, auch beider Einspielen in die Wirtschaft hinein und beider eigene Bedingtheit aus der Wirtschaft heraus, auch dies würde daraufhin erst richtig gesehen. Anders steht es ja auch nicht um den »königlichen Kaufmann« von Geistes Gnaden; auch er weiß Wirtschaft richtig als solche zu sehen, und den Erwerb stets nur in seiner realen Verflochtenheit darin; auch er, könnte man sagen, denkt allwirtschaftlich, also in Gestaltungen, in Gebilden, nicht aber in der »erwerbsduseligen« Beschränktheit der Theorie, nicht rein nur in Gütern, in Geld und Waren; das überläßt er dem Krämer.

Als die Theorie noch Herr im Hause war, die Empirie noch nicht zu respektieren brauchte, da durfte sie ohne alle Beklemmung einem Eindruck sich hingeben, der sie sozusagen aus der Logik der Tatsachen überkam. Ist nämlich das theoretische Denken darauf verhaftet, aus aller Wirtschaft Erwerb herauszusehen, dann muß dem Denkenden folgerichtig die danach geartete, die »Erwerbswirtschaft«, selber im Licht der »Wirtschaft überhaupt« erscheinen. Mit anderen Worten, das »Erwerbswirtschaftliche« muß dann als das »Naturgemäße« der Wirtschaft bedünken. Dieses stolze Bewußtsein nun, mit der ureigensten Natur aller Wirtschaft im reinen zu sein, das muß man den Epigonen der »Klassiker« nachfühlen; man versteht dann die souveräne Sicherheit, mit der sie ihre »ewigen und unerschütterlichen Naturgesetze der Wirtschaft« in die Welt hinausposaunten, die Bauernregel von Angebot und Nachfrage stets voran. Aber in dieses Wespennest der »Gesetze« will ich lieber noch nicht stechen.

In welche Verlegenheit gerieten dagegen die Spätgeborenen dieser Art Theorie, als ihnen die Empirie langsam über den Kopf wuchs! Was im Rahmen dieser Empirie ausreifte, dank dem freieren Blick über alle Wirklichkeiten und auch Möglichkeiten der Wirtschaft hinüber, das mußte natürlich den Glauben an das »Naturhafte« der Wirtschaft erschüttern, das ließ an dem »Naturgemäßen« ihrer »erwerbswirtschaftlichen« Artung irre werden. Daneben aber blieb nach wie vor die »erwerbswirtschaftliche« Versteifung der Problematik, soweit nämlich die grundlegenden Probleme an den sogenannten »Grundbegriffen« vor Anker liegen, und äußerlich noch das starre Erkenntnisschema der »Güterlehre« hinzutritt. Und so blieb auch die gewisse Eingebundenheit, die innerliche Hörigkeit des theoretischen Denkens, trotz der Erschütterung jenes naiven Glaubens; eines verspreizt sich dann mit dem anderen, ein geheimer innerer Widerspruch vergiftet die Theorie. Dann ist es auch ganz gleichgültig, ob sich der einzelne Theoretiker als »Klassizist«, als »Vulgärökonom« oder als »Marxist« fühlt und gebärdet; denn was jene Dinge anlangt, auf dem Fliegenleim der »Grundbegriffe« sitzen sie alle einträchtig fest. Es klingt bloß sonderbar und ist doch so einfach, daß es wirklich ohne Einfluß bleibt, wie sich der Theoretiker herkömmlichen Schlages emotionell und gesinnungsmäßig zur Wirtschaft von heute stellt. Ob er sie bejaht oder verneint oder sich der Abstimmung zu enthalten sucht, intellektuell bejaht er sie insgeheim allemal, einfach weil seine Denkbewegung im grundsätzlichsten Sinne an spezifischen Eigenheiten von ihr ausgerichtet bleibt. Wie immer sein Denken sich im Bereiche der wirtschaftlichen Zusammenhänge bewegt, dorthin sind dessen Bewegung fixe Richt- und Drehpunkte ein für allemal gesetzt. In diesem Ausmaß entlarvt sich das herkömmlich theoretische Denken unserer Wissenschaft als ein noch innerlich unfreies! Einer Erfahrungswissenschaft läßt sich Schlimmeres nicht nachsagen.

So trachtet die allwirtschaftliche Auffassung nicht bloß danach, unsere fachliche Theorie leistungsfähiger zu machen. Das theoretische Denken in unserer Wissenschaft soll sich auch von dem Makel reinigen, als erfahrungswissenschaftliches Denken ein dogmatisch gebundenes zu sein. Den Finger darauf habe ich gleich in meiner Erstlingsschrift gelegt; in ihrem Titel nannte ich den »Wertgedanken« ein »verhülltes Dogma« der Nationalökonomie. Denn was ist dieser »Wertgedanke«? Die aus Zwang der »klassischen« Auffassung festgehaltene Ansicht, hinter »Wert« ein spezifisch nationalökonomisches Problem zu ersehen. Für seinen eigenen Teil wäre das Wort »Wert« in unserem Bereiche recht harmlos, als der sprachnotwendige Name für einen schlichten Tatbestand. Es fällt nämlich, und am klarsten aus dem Tauschverkehr heraus, jeder Güterart für sich wieder eine Art »wirtschaftlicher Dimension« zu, schlagwörtlich ausgedrückt, im Sinne einer »Allpreisfolge«. Danach wird jede Gütermenge für sich wieder veranschlagbar, sei es als Aufwand oder schlechthin als Teil der Verfügungsmacht. Wie nun diese größenhafte Veranschlagung im Einzelfall erfolgen soll und kann, je nach ihrem Zweck und je nach der Möglichkeit, den betreffenden Teil der Verfügungsmacht irgendwie zu jenen Preisgrößen oder technischen Mengenverhältnissen in Beziehung zu setzen, die letzten Endes für die Veranschlagung selber von entscheidendem Belang sind, das macht die sogenannten »Werttheorien der Privatwirtschaftslehre« aus, die Lehre vom »Einstands-«, »Bilanz-«, »Veräußerungs- usw. Wert«. Bei unseren nationalökonomischen »Werttheorien« im eigentlichen Sinne, da handelt es sich um etwas ganz anderes: um die Suche nach der Hypothese eines »Allpreisgrundes«! Etwas wird da unterstellt, was die Preise nicht wieder nur auf Preise zurückführen soll, die Erklärung vielmehr nach einem Ruhepunkt hintreibt, als das letzte Warum der Preise. Das wäre also irgend etwas, selber größenhaft geartet, dimensional, von dem aus aber das ganze Größenspiel der Wirtschaft endgültig beherrscht würde, so daß man dieses gleichsam auf einen Posten gebracht hätte. Was dieser Allpreisgrund nun seiner Sache nach sei, und wie davon der allbeherrschende Einfluß auf alle Größen des Wirtschaftslebens ausgeht, das hat jeder »Werttheoretiker« für sich wieder aus seinen Fingern gesogen. Festgenagelt aber auf diesen so verführerischen Wahn einer summarischen Allerklärung des wirtschaftlichen Größenspiels, hat sie allesamt die »erwerbswirtschaftliche« Ausgerichtetheit ihrer Grundauffassung. Man sucht ja nach dem »Wert als Allpreisgrund« zwar immer jenseits des »Wertes als Allpreisfolge«, jenseits des »Tauschwertes«, um im Rotwälsch der »Güterlehre« zu reden, und wird nicht müde, ihn besonders gern in der Richtung jener oberflächlichen Redensart vom »Gebrauchswert« zu suchen, die gerade Adam Smith so erquicklich geringschätzig beiseite schob, was ihm aber zum Ruhm eines Schöpfers der »grundlegenden Unterscheidung des Wertes« verholfen hat, o ja! Sinnvoll aber ist dieses Haschen nach dem »Allpreisgrund« überhaupt nur dann, wenn sich aller Zusammenhang der Wirtschaft »atomistisch« auflöst in ein System tauschmäßig gegeneinander spielender, in Geld- oder Lustgewinnabsicht vollzogener Handlungen; kurz, wenn man unter dem Druck der »klassischen« Auffassung in aller Wirtschaft eitel Erwerb sieht.

Neuerdings wird eine sogenannte »wertfreie«, das ist auf die Werthypothese verzichtende Nationalökonomie unter den Theoretikern zur Mode. Nur sehr bedingt gereicht dies dem zur Genugtuung, der schon vor fünfundzwanzig Jahren dem Wertwahn öffentlich abgesagt hat. Denn hier wird keineswegs der steile Weg der Selbstbesinnung beschritten, der unmittelbar herausführt aus der Enge jener rückständigen Auffassung. Man handhabt das bequeme Aushilfsmittel der »glücklichen Inkonsequenz«. Durch sie überschlägt sich das grundsätzlich falsch eingestellte Denken nach dem Richtigen zurück; man treibt also »Purzelbaumerkenntnis«. Für die »Güterlehre« hat das »Wertfreie« den Sinn, daß sie vorläufig dort ein Loch bekommt, wo es inzwischen gar zu auffällig geworden ist, daß etwas »nicht stimme«

Für die Theorie als Ganzes sieht sich die Sache anders an. Auf der schiefen Bahn der Inkonsequenzen gleitet unsere Theorie vorerst in noch tiefere Zerfahrenheit hinab. Das Durcheinander der Wertgläubigen steigert sich eben noch durch die Wertverächter. Möglich, sogar wahrscheinlich, daß auch hier die Erlösung sich nahe, ist nur erst das Chaos da. Vielleicht würde die Läuterung der nationalökonomischen Theorie schließlich auch im Wege dieser Inkonsequenzen eintreten; sie könnte sich sozusagen einschleichen, im Sinne eines langsamen Abstreifens schlechter Gewohnheiten. Es liegt aber kein Grund vor, dieser tröstlichen Aussicht zuliebe den Kampf um die Selbstbesinnung abzubrechen. Nur der Schluß läßt sich daraus ziehen, aus diesen Anzeichen vom Eintritt eines unbewußten Läuterungsprozesses der Theorie selber, daß es wirklich um gar nichts Großes mehr sich dreht. Bloß um einen letzten Gnadenstoß.

8. Dagegen ist es zweimal schon in wahrhaft großem Zuge gelungen, das nationalökonomische Denken aus der inneren Unfreiheit herauszuführen. Das eine Mal, als unsere Altmeister gegenüber der »klassischen« und »romantischen« Verbohrtheit das »Relativitätsprinzip« aufstellten. Diese erste und große Tat der Selbstbesinnung leitete die Wende ein vom naiven zum Reifezustand unserer Wissenschaft. Das zweite Mal, als Max Weber die »Werturteile« aus der Wissenschaft hinauswies. Das ergab die Oberstufe in der Erhebung der Nationalökonomie zum vollen Rang einer Erfahrungswissenschaft! Auch in diesen beiden Fällen kam es darauf an, dem wissenschaftlichen Denken herauszuhelfen aus innerer Gebundenheit.

Am Beispiel des »Freihandels« sei dies in Kürze beleuchtet. Natürlich dürfte man nicht davon ausgehen, daß »Freihandel« ein schlechthin eindeutiger Tatbestand sei. Das wäre naive Wortgläubigkeit, wie sie besonders wieder im »klassischen« Zeitalter unserer Wissenschaft geblüht hat. Über den gemeinten Tatbestand muß natürlich schon als solchen volle Klarheit herrschen. Zweierlei steht dann der Wissenschaft ohne weiteres zu, indem sie in bezug darauf den erlebten Zusammenhang aufrollt. Einmal kann sie den »Freihandel« selber, ob nun abstrakt erfaßt oder in einem konkreten Fall, auf den zureichenden Grund zurückführen, also zeigen, wie es überhaupt zu ihm kommt. Dann aber kann sie feststellen, was vom »Freihandel« seinerseits an Folgen ausgeht, wofür er selber den zureichenden Grund spielt. Neben diesem Zweierlei, wenig dem Anschein, unendlich viel der Tatsache nach, ermöglicht sich nun außerdem, als Drittes, eine Stellungnahme zum »Freihandel«, indem man ihn auf »Falsch oder Richtig« beurteilt, ihn ablehnt oder ihm beifällt. In der Sache wird dabei vorerst über seine Zweckrichtung in irgendeiner Hinsicht geurteilt. Der »Absolutismus« im Urteil, wie er die »klassische« Schule, aber auch ihre Widerparte von damals, kennzeichnet, wurzelt nun darin, daß sich der Urteilende jedesmal an den zufälligen Standpunkt innerlich verlor, von dem aus er selber das Urteil fällte; es unterlief also ein »Absolutismus des Standpunktes«. Man hatte zum Beispiel nur die englischen Verhältnisse und nur die seiner Zeit im Auge, und sah vielleicht auch da hauptsächlich nur mit den Augen des Handels selber auf die zu beurteilende Sache des »Freihandels«. Von einem anderen Standpunkt aus, in der Relation also auf ein anderes Land, eine andere Zeit, auch nur auf eine andere Interessenlage, hätte das Urteil vermutlich ganz anders ausfallen müssen.

Der Urteilende war also in der Gewalt seines zufälligen Standpunktes; darin war sein Denken unfrei! Er glaubte so das letzte Wort über die Sache des »Freihandels« zu sprechen, ohne zu ahnen, wie viel dazu fehlte. Mittelbar hatten alle diese »klassischen« Urteile einen voreilig dogmatischen Charakter. Das »Relativitätsprinzip« entlastete unsere Wissenschaft auf einen Schlag von zahllosen solcher Quasi-Dogmen. Die »klassische« Schule, nebenbei gesagt, hätte sich von rechtswegen gleich damals die Gänsefüßchen zugezogen. Denn auch dieser Fortschritt zur Wissenschaft vollzog sich hauptsächlich auf ihre Kosten. Das sollte man nicht übersehen. Man verleiht doch auch in anderen, zum Beispiel den Naturwissenschaften, den Ehrentitel der »Klassiker« nicht gerade an jene, von denen man überwiegend nur lernt, wie man es nicht machen soll. Ihre literarischen Verdienste dabei in allen Ehren.

Die ganze alte Nationalökonomie sündigte also in Stumpfheit des Urteils, da ihr die Abhängigkeit jedes Urteils vom Standpunkt des Urteilenden entgangen war. Allein, selbst wenn man diesen plumpen Fehler vermeidet, im Geiste des »Relativitätsprinzips«, droht erst noch eine weitere schwere Gefahr, der »Absolutismus der Zielsetzung«! Jener Zielsetzung, die hier letzten Endes über das Urteil entscheidet. Auch das bereits differenzierte Urteil über die »Richtigkeit des Freihandels« ist immer nur bedingt von wahrhaft allgemeiner Geltung; eben nur so weit, als es möglich ist, daß man diese »Richtigkeit« gemäß der Beziehung auf klar hervorgestellte Zwecke verficht, mithin ausgesprochen als »Zweckrichtigkeit«. Aber diese Hervorhebung wird in der Regel bloß näheren Zwecken gegenüber möglich sein, so etwa: Belebung des Verkehrs, Ausgleich der Deckungsmöglichkeiten des Bedarfs usw. Geht man aber darüber hinaus und pflichtet dem »Freihandel«, der mancherlei Zweckrichtigkeit halber, die man darzulegen wüßte, gleich schlechthin bei, um ihn daraufhin zu fördern, oder lehnt ihn in einem anderen Falle schlechthin ab und bekämpft ihn, so schließt dies unbestreitbar in sich, daß man die betreffenden Zwecke dadurch selber bejaht, oder im Gegenfall verneint. Es ist dabei gleichgültig, ob man diese Zwecke nun bejaht, im anderen Falle verneint, je nachdem sie, selber als Mittel aufgefaßt, fernere Zwecke und schließlich einen Endzweck erfüllen helfen, der dem Urteilenden vorschwebt; oder weil sich das, was dabei vorgeht, in einer Richtung bewegt, die dem Urteilenden für schlechthin richtig gilt, indem ein an letzter Stelle Richtunggebendes, ein »letzter Wert«, dahinaus verweist. Das Urteil ergeht in beiden Fällen in der entscheidenden Beziehung auf eine letzte Zielsetzung, und die entzieht sich wohl in aller Regel der ganz klaren Hervorstellung. Sie liegt zuletzt irgendwie immer in der persönlichen Gesinnung vor Anker, gemäß Seelenstimmung, Interessenlage, Jugendeindrücken, Eingebundenheit in Tradition, weiß Gott was alles noch.

Aber dieser Zielsetzung, die alles Urteilen letzten Endes beherrscht, ist jedermann in irgendeinem Grade ausgeliefert. Sie kommt in diesem Ausmaß für ihn einer starren inneren Einstellung gleich, die sich in seinen Urteilen ebenso sicher auswirkt, als er nicht heraus kann aus seiner Haut. Auch dies begründet eine innere Verlorenheit an einen Zwang im Denken, hier beim Urteilen; mithin besagt es abermals Unfreiheit im Denken! Denn ergeht ein Urteil über eine Sache, deren Zweckrichtigkeit man im Munde führt, letzten Endes gleich auch hinsichtlich ihrer Gesinnungsrichtigkeit, um es so zu nennen, so verstößt dies offenkundig gegen die Würde einer Erfahrungswissenschaft. In ihrem Bereich ist einfach ein Urteil nicht zulässig, das sich selbst im günstigten Falle nicht durchzusetzen vermag bis zur allgemeinen Anerkennung, dem also der grundsätzliche Ausspruch auf Allgemeingültigkeit versagt bleibt. Bei Urteilen aber, die in jenem Sinne über die Schnur hauen, schließt sich ihre allgemeine Anerkennung grundsätzlich aus. Es gelänge wohl, bis zu irgendeinem Punkte eine streng sachliche Diskussion zwischen den verschiedenen Urteilenden vorzutreiben; solange es sich nämlich ausgesprochen um Zweckrichtigkeit handelt und solange man die Zwecke, auf die sich das Urteil bezieht, als Mittel auffassen kann gegenüber nächstgemeinsamen Fernzwecken — Ausdrücke aus der »Herrschaft des Wortes« — und solange diese Fernzwecke selber noch klar hervorstellbar bleiben. Darüber hinaus aber, in Sachen der Stellungnahme zu diesen Fernzwecken selber, ist es mit der weiteren Auseinandersetzung an der Hand von Gründen zu Ende. Von da ab redet man aneinander vorbei, weil jeder in der eigenen Befangenheit stecken bleibt, hilflos, aber unangreifbar zugleich. Der eine bejaht, was der andere verneint, und umgekehrt. Im besten Falle, um mit Max Weber zu reden, brächte es die weitere Auseinandersetzung in einem solchen Falle nur mehr ans Licht, worin sich die beiden Parteien überhaupt in ihrer letzten Zielsetzung scheiden, in ihren »Idealen«, und darin, was ihnen als »letzte Werte« gilt. Ideale, Werte — an sich wäre dies etwas höchst Persönliches. Allein, jegliche innere Fühlung in dieser Hinsicht, von Mensch zu Mensch, je inniger sie vorwaltet, im Sinne eines Teilens der Ideale, in Gestalt eines gleichgerichtet letzten Wollens, dies alles stiftet bekanntlich in um so tieferem Sinne Gemeinschaft; und so ist auch jene innere Stellungnahme weithin Gemeinschaftssache. Auf der anderen Seite erscheinen diese bis ins Gesinnungsrichtige sich überstürzenden Urteile, eben weil sie letzten Endes unbegründbar sind, nicht minder als quasi-dogmatisch geartet, sie nicht voreilig, sondern unfreiwillig dogmatisch. Im ganzen handelt es sich anscheinend um »ichstarre« Urteile; im tieferen Sachverhalt jedoch sind es häufig »gemeinschaftsstarre« — »klassenstarre«, »völkischstarre« usw. — Urteile.

Ungefähr so lassen sich jene eigentümlichen Urteile in den laufenden Zusammenhang stellen und von der Analogie zur eigenen Sache her beleuchten, jene »Werturteile«, gegen die Max Weber schon vor Jahren so eindrucksvoll sein Veto eingelegt hat. Mitten inne, zwischen der lahmen Formel von der »Voraussetzungslosigkeit der Wissenschaft« auf der einen Seite und der landläufigen Vorstellung von einer vermeidbar gedachten »Subjektivität« im Urteilen auf der anderen Seite, hat er mit genialer Sicherheit durchgegriffen und diese gleichsam unvermeidbar subjektiven Urteile ans Licht gezogen; und mit höchstem Scharfsinn hat er uns gezeigt, wie es da warmblütig auf letzte Zielsetzungen ankäme, nicht aber hölzern auf letzte »Voraussetzungen«. Die Urteile dieser Artung vorweisen, war für Max Weber eins damit, energisch auf ihrer Ausmerzung zu bestehen, im Zeichen der Reinheit der Erkenntnis, der inneren Freiheit erfahrungswissenschaftlichen Denkens. Das schloß einen gewaltigen Fortschritt zur Wissenschaft in sich.

Nun bleiben erst noch jene gewissen Reste innerer Unfreiheit unseres fachlichen Denkens zurück. Ganz verstohlen lastet da auf ihm, was sich in der Folge noch deutlicher enthüllen wird, als der Zwang »problemstarren« Erkennens. Gewiß sind diese Reste schon in der Auflösung begriffen. Immerhin, wenn auch nur an dieser einen Stelle, es gilt im Grunde doch, ein rühmliches Beginnen Max Webers fortzusetzen!

## Soziologische Zusammenhänge.

9. In Max Webers hinterlassener Soziologie greifen zwei Teile gedanklich aufs innigste ineinander. In dieser Hinsicht ganz und gar eins, scheiden sich die beiden Teile trotzdem scharf in der Sache. Besonders vom zweiten Teile wird hier nur andeutungsweise zu reden sein. Mit seinem Inhalt schlägt dieser zweite Teil, gleich früheren Leistungen Max Webers, für meine Auffassung in die tiefste jener drei »engeren« Sozialwissenschaften ein, deren eine die Nationalökonomie selber ist, die Nationalökonomie als die Wissenschaft vom »Ökonomisch-Sozialen«. Vorläufig sind es natürlich leere Worte, wenn ich noch weiter vorgreife und sage, wie daneben auch das »Politisch-Soziale«, drittens noch das »Spezifisch-Soziale« in Anschlag käme; und dieses Dritte wäre nun der »Stoff« jenes zweiten Teiles der Weberschen Soziologie! Dagegen sei der erste Teil kurzerhand als »Systematische Soziologie« bezeichnet. Dieser Disziplin kommt für mein Gefühl beispielsweise auch der »Abriß der Soziologie«, das Alterswerk Albert Eberhard Schäffles, nahe; aber selbst Georg Simmels »Soziologie als Formenlehre«, und ferner wohl die »Beziehungslehre«, auch nach den Ansichten Leopold v. Wieses.

An mehreren Stellen dieser »Systematischen Soziologie«, die ein so gewaltiges Wissen verrät, und in der Zucht einer so seltenen Schärfe im Denken, scheidet nun Max Weber seine eigene Behandlung der Wirtschaft ganz ausdrücklich von »Wirtschaftstheorie«. Was er selber treibt, setzt er ihr als »soziologische Theorie der Wirtschaft« entgegen. Danach wäre also »Wirtschaftstheorie« an sich etwas Nicht-Soziologisches! Da herum dreht sich nun alles.

Vorweg gesagt, soll nach und nach folgendes klar werden. Weder die nationalökonomische Theorie der herkömmlichen, noch jene der neuen Haltung besagt Soziologie im fachwissenschaftlichen Sinne. Mit seiner Scheidung ist demnach Max Weber im vollen Recht. Aber der entscheidende Gegensatz greift darin ein, daß die herkömmliche »Wirtschaftstheorie« auch in ihrer Haltung durchaus unsoziologisch geartet ist. Dagegen muß die neue Haltung der nationalökonomischen Theorie, wie sie aus der allwirtschaftlichen Auffassung hervorgehen soll, grundwesentlich eine soziologische sein! Läutert sich also die Theorie im soziologischen Geiste, so bedeutet dies keineswegs ein fragwürdiges Abdrängen nach einem anderen Fachgebiet. Die nationalökonomische Theorie bleibt, was sie ist. Gerade darum aber, um es richtig zu sein, was sie zu sein hat, muß sie sich mit soziologischem Geiste erfüllen. Dahinaus führt im ganzen der Weg. Da er jedoch von jener Aufstellung Max Webers ausläuft, von dessen Scheidung zwischen »Wirtschaftstheorie« und »soziologischer Theorie der Wirtschaft«, ist eine Auseinandersetzung mit der Soziologie unvermeidlich.

Es fällt mir nicht ganz leicht, darüber zu sprechen. Selber habe ich oft genug an Dingen gearbeitet, die in irgendeinem Sinne auf Soziologie hinausliefen; ich tue es im Grunde auch hier und denke es in Zukunft erst recht zu tun. Mein skeptisches Verhältnis aber zur Soziologie habe ich nie verleugnet. Es ist ja auch eine üble Sache mit Worten, gleich »Soziologie«, die gleichsam schon jeder Zweite in einem dritten Sinn versteht. Meint nun ein in seinen geistigen Eingeweiden so vergrimmtes Wort gar Wissenschaft, dann mag leicht nur jener »Wechselbalg«, jener »Hexensabbat für alle Spiel- und Abarten menschlicher Erkenntnis« dahinterstecken, von dem ich einstens so unhöflich sprach. Mindestens war dies pedantisch. Zu meiner Rechtfertigung wiederhole ich, daß man in Sachen der Erkenntnis den magersten Prozeß immer noch höher stellen muß als den fettesten Vergleich, weil dieser auf Kosten der Echtheit der Erkenntnis geht. Aber selbst mit solcher Pedanterie vereint es sich durchaus, wenn ich Max Webers hinterlassene Leistung auch meinerseits nicht besser zu benennen wüßte, denn als Soziologie! Soviel Mißbrauch mit diesem Worte getrieben wird, hier scheint es mir mit Fug und Recht verwendet. Diese Leistungen gehen klar in einer Linie damit, wie auch der Skeptiker — ohne sich etwas zu vergeben, wofür der Beweis noch nachgetragen wird — von Soziologie sprechen kann: überall dort nämlich, wo sich die innere Einheit aller der Wissenschaften bewährt, die einträchtig vom menschlichen Zusammenleben handeln! Dazu gehört von altersher die Geschichte, die Statistik, gehören die Wissenschaften von Wirtschaft, Staat und Volk, in ihrer Art auch die Wissenschaften von Religion, Recht, Kunst, Wissenschaft, Schrifttum, bedingt auch die von der Sprache — alles nur kunterbunt und lückenhaft aufgezählt.

Gleich in Max Webers Systematischer Soziologie setzt sich die Bewährung jener inneren Einheit vieler Wissenschaften gegenständlich durch. Hier liefert sie Erkenntnisinhalte — und in welcher Fülle —, die sich keineswegs auf die verschiedenen »alten« Wissenschaften aufteilen. Mit diesen überschneiden sich diese Erkenntnisse bloß, bilden aber eine rechtmäßige Einheit für sich, als Fachwissenschaft von besonderer Struktur. Es gestaltet sich da im Kerne ein vorwaltend klassifikatorisches System von Begriffen heraus, das gleichsam quer über alle »alten« Fachwissenschaften spreitet. Sofort drängt sich ein Vergleich damit auf, wie sich die »systematischen« Naturwissenschaften zur Biologie verhalten. Allein eine Aussprache darüber könnte doch nur verwirren, geht sie nicht ganz tief; dazu sind aber die fraglichen Verhältnisse noch viel zu oberflächlich angeschnitten. Es bleibe auch in der Schwebe, ob sich alle »soziologisch« erarbeiteten Begriffe schlankweg in die »alten« Wissenschaften übertragen ließen. Max Weber verwahrt sich mehrfach dagegen. Keinesfalls dürfte man wähnen — auch dieser Wahn hat auf den armen Namen »Soziologie« Anspruch erhoben —, als ob hier allen anderen Fachwissenschaften grundsätzlich das »Allgemeine abgesaugt« würde. Der Rest wäre ja tatsächlich nicht mehr zu gebrauchen! Natürlich wahrt sich also jede der »alten« Fachwissenschaften daneben ihre eigene Problematik und kraft dessen auch ihre eigene Begriffsbildung. Trotzdem ist etwas anderes gut denkbar: daß sich von hier, von einem Begriffssystem dieser eigentümlichen Sattellage aus, die Terminologie aller Wissenschaften unseres Kreises vereinheitlicht, soweit dies das Eigenrecht jeder Fachwissenschaft nicht verletzt. Besseres könnten wir uns nicht wünschen. Im Angesichte dieser überragenden Leistung steht es auch zu erwarten.

10. Hier ist es an einem klassischen Beispiel klar geworden, wie sich eine Fachwissenschaft mit Recht als Soziologie ansprechen läßt. Man kann aber das Recht auf Verwendung dieses Namens auch im umfassenderen Sinne erörtern, um so zu erfahren, »was alles« sich Soziologie nennen läßt. In ganz unmaßgeblicher Weise will ich dies versuchen. Aber da ich auch dabei meinen Standpunkt wahre, als gelernter Zweifler an der Denkfestigkeit der Worte, bedarf es einer grundsätzlichen Aussprache. Es ist da vieles zu sagen, was auch zur engeren Sache der nationalökonomischen Theorie gehört.

Meiner Schrift über die »Herrschaft des Wortes« hat es das beste an Unterbau und noch mehr an Abklärung entzogen, daß mir die kurz vorher erschienene »Kritik der Sprache« Fritz Mauthners sträflicherweise unbekannt geblieben war. Allein, so enge mein Beobachtungsfeld damals gewesen ist, auf dem ich seit langem derlei »Sprachkritik« trieb, im Dienste der fachlichen Theorie und bald auch Erkenntniskritik, eine bessere Wahl hätte ich selbst mit Vorbedacht nicht treffen können. Denn gerade da, auf dem Gebiete der nationalökonomischen Theorie, sind die Worte dem Denken schon in einer ganz absonderlichen Weise über den Kopf gewachsen. Da läßt sich allerdings für die rechte Art, mit Worten umzugehen, manches lernen. Offenbar handelt es sich um die sogenannten »Grundbegriffe« der Nationalökonomie; »Wirtschaft«, »Gut«, »Wert«, »Preis«, »Kapital«, »Zins«, »Rente« usw. Jene »eingeborenen Fachausdrücke« unserer Wissenschaft also, von denen das herkömmlich geartete theoretische Denken immer wieder auszugehen sucht gleich wie von ewigen Fixpunkten. Meine Auffassung geht nun dahin, daß ich in diesen »Grundbegriffen« überhaupt nur Worte sehe; allerdings sind es die über das naive theoretische Denken »herrschenden« Worte. Keiner dieser Ausdrücke gilt mir einfach als ein vieldeutiges, ein in höchst wandelbarem Sinn gebrauchtes Wort. Eigenfachliche Erfahrungen haben mich vielmehr gewitzigt, einem so auffallend problematischen Worte ganz buchstäblich seinen eigenen Gehalt an Problemen nachzurechnen. Es gilt da, aus dem Wort jene Probleme herauszuhören, für die, unausgesprochen und daher unentwickelt, wie sie inmitten der naiven Theorie geblieben sind, vorerst das Wort rettend einspringt. In der Tat, nicht nur für fehlende Begriffe gibt es dies, auch für fehlende Probleme! Es spielt das Wort auch in diesem weitergehenden Sinne den Helfer unseres theoretischen Denkens; dem bekommt aber diese Hilfe schlecht genug.

Heraushören übrigens heißt nicht Abhorchen; da wäre man auf dem Holzweg. Es geschieht zwar sonst ganz üblicherweise, daß man den Worten, besonders auch den »Grundbegriffen«, ihren geistigen Gehalt durch definitorischen Druck zu »entquetschen« trachtet; gegebenenfalls in einer veredelten Form: man deutet das Wort nicht schlechthin wörtlich aus, etwa also »Sozio«-logie, sucht vielmehr den durchlaufenden Sinn bei den verschiedenen Verwendungen des Wortes hübsch in der Runde herum »abzuhorchen«. In unserer Theorie wird diese Umfrage beim lebendigen, sprachverwendeten Worte heute noch als ein probates Mittel anempfohlen, allen Ernstes, um selbst auf die grundlegendsten Dinge zu kommen. Nun, dazu ist das ganze Verfahren des »Abhorchens« doch etwas zu kindisch, um der Probleme habhaft zu werden, die von solchen Worten »vertreten« sind; jene unausgesprochen bleibenden Probleme also, die gleichsam hinter dem Worte heraus, als »transverbale« Einflüsse, unser Denken umgarnen. Wer sich der so zu verstehenden »Herrschaft des Wortes« zu entwinden sucht, muß schon sachlichere Wege gehen. Beiläufig gesagt, hat einst in der gleichen Richtung auch Eugen v. Böhm-Bawerk nicht einfach den Weg des »Abhorchens« beschritten; er hat vielmehr den Gedankengängen zahlloser der »Kapital- und Zinstheorien« selber kritisch nachgespürt, auf der Suche nach den einschlägigen Problemen.

Diese Existenz von problemvertretenden Worten, gleich den nationalökonomischen »Grundbegriffen«, führt zu einem köstlichen Verhältnis: dank einem solchen Worte ist nämlich der Denkende, soweit er theoretische Aspirationen hegt, in der verhängnisvoll glücklichen Lage, sich über sein Problem auszuschweigen, indem er einfach ein Wort ausspricht! Dies geschieht dann natürlich in fragender Form, zum Beispiel: »Was ist Kapital?« Bevor ein Wort diese problemvertretende Kraft erlangt, muß wohl eine lange Geschichte seiner theoretischen Verwendung hinter ihm liegen. Offenbar braucht es seine Zeit, bis sich derlei »Bahnungen« des theoretischen Gedankenverlaufs gestalten. Dann aber genügt es, daß man gleichsam nur auf den Knopf dieses Wortes drückt, und das theoretische Denken ist sofort auf ganz bestimmte Probleme eingestellt. Von diesen erbaulichen Dingen hat nicht nur die »gute alte Logik«, der ich es einst vorwarf, keine Ahnung; davon weiß auch manche sehr neue »Wissenschaftslehre« nichts. Mehr als eine nimmt nicht minder unsere famosen »Grundbegriffe« als Begriffe ernst, als Worte, deren fester Denkinhalt mindestens Postulat wäre; statt hinter diesen einfachen Witz der theoretischen Sprache zu kommen, daß hier überhaupt nur bloße Richtungen der theoretischen Denkbewegung ausgesteckt sind.

Im Grunde gilt nun auch von dem Worte »Soziologie« Ähnliches. Freilich nicht für den Alltag. Im Leben draußen ist das Wort schlechthin ein Unbegriff, Wortmarke einer Wissenschaft, die eben deshalb, weil niemand was Rechtes von ihr weiß, so sehr an Reiz gewinnt. Wozu noch der Stachel beiträgt von der platten Wortdeutung her; denn im Durchschnitt dürften wohl die einen mit geheimem Grauen, die anderen mit geheimen Hoffnungen, beide aber übereinfallend so etwas wie »Sozialismologie« herausbuchstabieren. Dagegen wird an jeden theoretischen Kopf das Wort einfach als Problem anpochen. Nur legt sich nicht jeder Rechenschaft darüber ab. Es sind natürlich keineswegs die Probleme der Soziologie gemeint, sondern die Soziologie selber als Problem. Um das Problem handelt es sich, das schon im Vermächtnis Max Webers auf zwei verschiedenen Wegen gelöst erscheint. Es stehen aber noch andere Wege offen. Denn wie hier die Dinge liegen, entfaltet sich die naive Frage »Was ist Soziologie?« zu der nachsinnlichen Frage: In wievielerlei Weise überhaupt ist jene Bewährung innerer Einheit unter den Wissenschaften vom menschlichen Zusammenleben möglich?

Von daher gesehen ist Soziologie nicht schon von vornherein eine einzelne Fachwissenschaft, auch nicht eine Gruppe solcher, noch aber eine »Universalwissenschaft« oder sonst dergleichen; sondern vorerst schlecht und recht eine Aufgabe, der Erkenntnis gestellt, nachhinkend den »alten« Fachwissenschaften, oder, besser, eine zusätzliche Forderung, an das erkennende Denken gerichtet! Und es kann sich nun erst erweisen, in welcher und wievielerlei Art sein Genügen findet, was als Soziologie da hinterher »gefordert« wird.

Von jener bedachtsam entfalteten Frage her gabelt sich also der Weg nach allen »Möglichkeiten von Soziologie«. Selbstverständlich sind /diese »Möglichkeiten« hier nicht erkenntnistheoretisch gemeint. Dazu fordert für uns hier diese Frage nicht auf, daß man nun im Wege der eindringlichsten Selbstbesinnung aufdecke, welche »Soziologie« nennbaren Erkenntnisarten sich als »möglich« herausstellen, wie sie es tun, und unter welchem Um und Auf des Stoffes, des Vorganges, der Begriffsbildung usw. sie es tun. Das wäre ein unendlich weiter ausholendes Beginnen und hier fehl am Orte. Was jene Frage fordert, ist vielmehr rein nur die harmlose Umschau, welche Möglichkeiten dafür vorliegen, im schon übersehbaren Kreise der Wissenschaften einfach den »Namen Soziologie« rechtmäßig zu vergeben.

11. Eine Bewährung jener inneren Einheit unter den erwähnten Wissenschaften ermöglicht sich gleich so, daß man einfach alle unsere Fachwissenschaften — natürlich auch jene, die schon für ihren engeren Teil auf diesen Namen Anspruch erheben — als Soziologie zusammenfaßt, also einen Sammelnamen daraus macht: »Soziologie als Inbegriff«! Von Belang wäre diese Zusammenfassung, um die Wissenschaften vom menschlichen Zusammenleben gleich als Ganzes von den Naturwissenschaften abzugrenzen. Dem eingebürgerten Sammelnamen »Geisteswissenschaften« wäre demnach »Soziologie« als eine gleichsam berichtigende Erläuterung zur Seite gedacht.

Hier sei durchaus vorgreifend eingeschaltet, daß es selbstverständlich immer zulässig bleibt, überall dort, wo uns die erlebte Wirklichkeit als das menschliche Zusammenleben entgegentritt, durch eine veränderte Einstellung des erfahrenden Denkens auch »Natur« zu sehen; dann erblickt man also zum Beispiel dort, wo für uns Staat oder Familie oder Genossenschaft und Ähnliches tatsächlich ist, etwa nur mehr »Systeme verwickelter Reizauslösung«, im Geiste Hugo Münsterbergs. Eben darum sind diese Systeme selber ausdrücklich nicht mehr menschliches Zusammenleben, und so bleibt der hervorgestellte Gegensatz gegenüber der Natur und den Naturwissenschaften unerschüttert aufrecht. Soziologie als Inbegriff würde also auch jene Naturwissenschaften ausschließen, die sich mit solchen »Reizauslösungssystemen« beschäftigen müßten; so stünde insbesondere die »Psychologie als Naturwissenschaft« außerhalb der Soziologie. Den hier gemeinten Gegensatz scheint mir nun »Soziologie als Inbegriff« glücklicher ins rechte Licht zu rücken, als wenn man den Naturwissenschaften etwa die »Kulturwissenschaften« entgegensetzt. Freilich, sobald der Gegensatz schon im Worte scharf anklingt, wie auch in diesem Falle, schmeichelt er sich unserem Denken stets ein; pflegen wir doch zum Beispiel im Lehrbetrieb unserer Wissenschaft auch der theoretischen Nationalökonomie sofort eine »praktische« Nationalökonomie zu paaren, obgleich dies mehr ein schlechter Witz als ein guter Name dafür ist, daß neben den theoretischen Gebieten auch die empirischen Gebiete zum Gegenstand einer Vorlesung werden. Gewiß steht hinter der Wortklammer »Kulturwissenschaften« das sehr ernst zu nehmende, geniale Theorem Heinrich Rickerts: ein durchgängiges »Beziehen auf Kulturwerte«, als »Prinzip der Auslese«. Erstens aber kann man schon über das Kategorische dieses Vorganges anderer Meinung sein. So stellt sich gerade unsere Wissenschaft darin in Gegensatz zur Geschichte, daß hier ein »Beziehen auf Probleme« in Kraft steht. Zweitens gilt hinsichtlich des Wortes »Kultur«, daß sich jeder mindestens einbildet, und auch darauf etwas einbildet, ein ganz Bestimmtes zu meinen. Ob nun dieser störrige »Kulturbegriff« jedesmal wieder mit dem Dienst des Wortes als Sammelname im Einklang steht, das bezweifele ich auch in eigener Sache. Dagegen hat man sich längst gewöhnt, unter »Soziologie« alles nur Erdenkliche verstanden zu wissen, um so weniger also selber dabei etwas zu denken; und dies macht das Wort zum Sammelnamen außerordentlich geeignet.

Nur leider, weil dieser Name so geduldig ist, wirkt sich der Fluch seines Ursprungs — er stammt ja vom Reißbrett der »positivistischen« Wissenschaftslehre Comtes — fortzeugend in ihm aus. Des Namens »Soziologie« bemächtigt sich stets wieder allerlei interessanter Versuch, die Tatbestände menschlichen Zusammenlebens naturwissenschaftlich schief zu treten. Dann wird zum Beispiel der Staat selber wissenschaftlich so zu behandeln versucht, als ob er ein »Reizauslösungssystem« wäre. Diese Aftersoziologie wird unausrottbar die Erlustigung der Geister bleiben, die von der Wahrheit der einen Wirklichkeit stets nur zur Simpelei der einen Wissenschaft weiterzudenken vermögen; als ob es nicht von der einen Wirklichkeit ein spezifisches Zweierlei an Erfahrung gäbe! Ist doch daraufhin die »Universalmethode« gleichwertig der Zumutung, daß alle Tiere, auch die Kiementiere, in der Luft, oder wieder alle, auch die Lungentiere, unter Wasser leben sollten;

oder daß man mit dem Meißel auch malen, mit dem Pinsel auch bildhauern sollte. Was immer bei solchen »Verstauchungen« des Erkennens herauskäme, tatsächlich haben sie der Soziologie nebenher die ominöse Deutung zugezogen, die Einbruchsstelle der Naturwissenschaft auf unser Gebiet zu sein. Damit allein schon ist aber die ganze Absicht einer summarischen Zusammenfassung unserer, im Gegenhalt zu den Naturwissenschaften, dauernd durchkreuzt: der sonst so taugliche Sammelname ist eigentlich verpfuscht. Ich glaube hier trotzdem von Fall zu Fall von »inbegrifflich-soziologischen« Dingen reden zu dürfen.

12. Bei der »Soziologie als Inbegriff« gelangt das »herausgehörte« Problem gar nicht weiter zur Lösung. Nur mittelbar liegt eine richtige Lösung wenigstens in der ideellen Verlängerung davon; sie wird in der Folge im Sinne einer »Soziologie als Erkenntnislehre« zu deuten sein. Ganz anders erfüllt sich die Soziologie als Aufgabe, das will sagen, bewährt sich die innere Einheit jener Wissenschaften, sobald dies hinausläuft auf »Soziologie als Fachwissenschaft«. Am Beispiel der Systematischen Soziologie Max Webers deutete ich es obenhin an, wie es um diese Disziplin bestellt wäre, und warum sie mit Recht ihren Namen trüge. Natürlich lastet es späterer Erkenntniskritik auf, daß sie das Besondere dieser Systematischen Soziologie herausarbeitet, im Kreise der Wissenschaften vom menschlichen Zusammenleben. Das Gleiche steht auch für jene »dritte« Sozialwissenschaft aus, in deren übrigens schier unermeßlichen Bereich wohl die glänzendsten Leistungen Max Webers fallen. Es erhebt hier eine zweite, ganz anders geartete Disziplin den Anspruch auf den Namen Soziologie, sagen wir, als »Analytische Soziologie«! Wie ich es schlagwörtlich schon angedeutet, dreht es sich um die Wissenschaft vom »Spezifisch-Sozialen«; noch weiter vorgreifend gesagt, um die Wissenschaft von aller Gestaltung menschlichen Zusammenlebens im Geiste dessen, was die Menschen, ob nun unmittelbar oder mittelbar, innerlich zusammenführt, selber also auf Zusammenhalt, innere Verbundenheit hinausläuft. Wie nahe sich dies mit »innerem Einverständnis« und »Gemeinschaft« berührt, gemäß der tiefsinnigen Deutung von Ferdinand Tönnies, leuchtet grell heraus. In der Tat, für diese dreifältige Auflösung der »Sozialwissenschaft«, die ich doch früher stets unaufgelöst zur Geschichtswissenschaft in Gegenhalt brachte, war mir schließlich nichts bestimmender als die allmähliche Einfühlung in die so ganz besondere Art, wie Ferdinand Tönnies in die Tiefe schürft. Dazu kam noch der frappierende Eindruck von Max Webers Vordringen auf Neuland sozialer Erkenntnis.

Wenn nun die »analytische Soziologie« sozusagen in der Richtung der »Gemeinschaft« bohrt, dann bliebe für die »zweite« Sozialwissenschaft, neben der Nationalökonomie, doch wohl die Einstellung auf »Gesellschaft«, im Geiste von Tönnies? Ja, so ungefähr liegt es bei jener Wissenschaft vom »Politisch-Sozialen«, die man am besten an der Staatslehre veranschaulichen könnte, ohne daß diese schon den erschöpfenden Inhalt dieser Wissenschaft darböte. Und vielleicht gar nicht dieses »Zweite«, aber ausgerechnet jenes »Dritte« soll nun Soziologie heißen? Gewiß; da waltet einfach der Unterschied zwischen wortfromm buchstabierender Deutung — »Sozio-logie« gleich »Gesellschaftslehre« — und einer Deutung und Nennung gemäß dem wissenschaftlich Ausschlaggebenden, dem Probleme! Denn nachweislich gerade dort, an jener »dritten« Stelle, läuft alles, alle Wissenschaft überhaupt vom menschlichen Zusammenleben, in die letzten Tiefen der Erkenntnis aus; im Einklang dazu ist ja auch der Ausdruck vom »Spezifisch-Sozialen« gewählt. Dort aber, wo alle anderen Disziplinen ihr gemeinsames Rückgrat wissen, dort wohl bewährt sich abermals ihre innere Einheit; dort ist mit Fug und Recht abermals von Soziologie zu sprechen. Auch in diesen harmloseren Dingen der Benennung braucht man nicht immer nach der Pfeife des Wortes zu tanzen. Auch da ist es besser, lieber auf die Worte zu pfeifen, sobald man der Sache zureichend sicher ist. Mindestens liegen also schon zwei Spielarten von »Soziologie als Fachwissenschaft« vor, sehr ungleichen Gefüges. Ob es deren noch mehrere gibt? Vielleicht. Hier bin ich an keiner »Inventur der Soziologien« am Werke; ich rolle diesen Zusammenhang absichtlich nur so weit auf, als es die nationalökonomische Theorie allwirtschaftlicher Haltung tiefer verständlich macht. Es steht nun knapp davor. Nur rasch ein paar Worte vorher, die vielleicht nicht ganz überflüssig sind.

Man sieht, wie die Dreiteilung der engeren Sozialwissenschaft nichts mit einer »Dreiteilung des sozialen Organismus« zu tun hat. Ebensowenig ist sie in Mystik eingegründet. In Sachen der Nationalökonomie als reiner Erfahrungswissenschaft habe ich stets den Schnitt vor alle Mystik gezogen. Dem Theoretiker erscheint ja besonders jene kleinliche Mystik als recht minderwertig, jene Mystik als Mache, in die sich Theorie gelegentlich dort hüllt, wo sie aus Schuld falscher Einstellung sich selber verstrudelt. Nach meiner Überzeugung darf aber an die Theorie einer Erfahrungswissenschaft erst recht nicht Mystik als Weltanschauungssache heran; auch nicht zeitgenössisch verquickt mit Mystik als Psychose, oder gar mit Mystik als Gewerbe.

Noch eine zweite Verwahrung. Notgedrungen stelle ich fest, daß schon in meiner Schrift »Herrschaft des Wortes« alles hinaustrieb auf ein »Denken in eitel Gebilden«, auf »Allzusammenhang«, »Allbedungenheit«, auf »Einheit«, »Einmaligkeit« und »Persönlichkeit«, um so überall »Leben« zu sehen, als Gestaltung der »Erlebungen«; an Stelle aller Flachheit im Gefolge von »Kausalitätskoller und Gesetzesdusel«. Auch diese kecken Worte gingen schon 1901 in Druck; geläufig waren sie mir lange vorher. Und wenige Jahre nachher, nachdem ich in dem Büchlein von den »Grenzen der Geschichte« den Scheidestrich zwischen der »erlebten« Zeit der Geschichte und den »Rechenpfennigen der geologischen Jahrmillionen« gezogen, suchte ich jene Grundauffassung, die allem »Naturalismus«, oder meinetwegen aller »Mechanistik« und aller »Berechenbarkeit«, für unsere Denkgebiete aufsagt, noch in die Tiefe zu arbeiten, in meinen Aufsätzen »Zur sozialwissenschaftlichen Begriffsbildung«, im »Archiv für Sozialwissenschaft«. Dies alles geschah aber doch im hellen Bewußtsein, dabei nur ins eigene Fach hinein den Erfüller und Werkfortsetzer einer geistigen Bewegung zu spielen, die in ihren Anfängen mindestens bis auf Fichte zurückgreift, die seither ins Breite gediehen war und für zahlreiche Leistungen unserer Wissenschaft sich längst von selber versteht. Da vollzieht sich einfach am erhabenen Gebilde der Wissenschaft der unaufhaltsame Prozeß einer organisch richtigen Weiterbildung, der aber von seiner eigenen Zeit als eine Wende empfunden wird. In dieser geistigen Strömung trieb auch mein Beginnen und setzt sich nun mit verstärktem Nachdruck fort. Aber es hat damit nichts zu schaffen, wenn neuestens eine überhitzte Nachempfindung jener Wende sich zur Botschaft einer »Neuen Lehre« aufbläht, die auf allen Gebieten des Erkennens alles von unterst zu oberst zu kehren wähnt, im Saltomortale zu einer Art »November-Wissenschaft«.

13. Mit der Produktion von »Soziologie als Fachwissenschaft« ist es allein nicht getan. Als Aufgabe erfüllt sich Soziologie zum besten Teil erst so, daß jede der sonstigen Fachwissenschaften, kraft der Art ihres eigenen Vorgehens, die innere Einheit von ihnen allen wahr macht: »Soziologie als Methode«! In der Tat, die Wissenschaften von Geschichte, Wirtschaft, Staat, von Recht, Kunst und so fort, sie alle, richtig betrieben, arbeiten in ihrer Art dauernd an Soziologie. Sofern sie die viel berufene »soziologische Methode« befolgen? Nun, gewiß nicht alles, was sich so nennt, ist es auch schon in jenem Geiste. Allzu häufig glaubt man »soziologisch« vorzugehen, wenn sich das fachliche Denken jener gewissen Aftersoziologie preisgibt; wobei die Psychologie als Naturwissenschaft in den meisten Fällen die Kupplerin spielt. Aber die Bastardierung von zwei wurzelfremden Erfahrungsweisen kann natürlich zu nichts Rechtem führen; meist nur zu krampfhaften Versuchen, Lehrsätzlein als »Gesetze« herauszuquetschen, und zu ähnlichen Mißbildungen unserer Art Erkenntnis. Der Scheidestrich gegen derlei »soziologische Methode« kann gar nicht scharf genug gezogen werden. Das Ziel ist beileibe nicht diese Entartung der fachlichen Erkenntnis, im Gefolge des »positivistischen« Wahnes, alles über einen Leisten schlagen zu müssen.

Die soziologische Methode entspringt vielmehr aus der Auffassung vom wahren Beruf einer Fachwissenschaft unseres Kreises. Ein Vorgehen ist gemeint, das ebensowohl dem Eigenwert des Faches genügt wie auch den Ansprüchen auf Wahrung der inneren Einheit aller Wissenschaften vom menschlichen Zusammenleben. Innere Einheit, das ist das Fehlen von Widersprüchen natürlich auch; doch in erster Linie denke ich dabei an wechselseitige Ergänzung, an ein lebendiges Zusammenspiel aller zu erschöpfender Erkenntnis des gemeinsamen Vorwurfes. Müssen doch alle diese Wissenschaften im geschlossenen Vereine das menschliche Zusammenleben bewältigen — das ist und bleibt ja der erhabenste Vorwurf aller Erfahrungswissenschaft! Bei keiner jener Wissenschaften kommt es daher schlechthin so auf Erkenntnis an, als wäre dies ihre Spezialsache und sie allein auf der Welt. Sondern darauf kommt es an, daß jede wohl das Ihre tut, ausdrücklich aber unter Wahrung des notwendigen Zusammenspieles aller. Dann erst ist die Fachwissenschaft auch als solche von vollem Werte. Es erweist sich in der Folge noch klarer, wie jede dieser Fachwissenschaften ganz notwendig jene Einheit bejahen muß, um sich selber in voller Richtigkeit zu ermöglichen. Aber schon der Idee nach ist das soziologische Vorgehen der Fachwissenschaft gleichbedeutend mit ihrem richtigen Vorgehen schlechthin. Für die Nationalökonomie nun, da verknüpft sich dieses soziologische Vorgehen mit der allwirtschaftlichen Auffassung.

Eine Sache kann man auch aus ihrem Gegensatz klar machen. Die Allwirtschaftslehre, als nationalökonomische Theorie soziologischen Geistes gemeint, findet ihren erläuternden Gegensatz vorweg in der herkömmlichen Theorie, in der »Güterlehre«. Recht im Widerspruch zu allem, was eben zu sagen war, sitzt da eine Fachwissenschaft gleichsam auf dem Isolierschemel! Zwar nur mit ihrer Theorie; mit dieser aber vorbildlich. Darin prägt sich die »unsoziologische« Haltung dieser Theorie aus. Es ist aber sofort klar, daß niemand an diesem »Unsoziologischen« innerlich Anstoß nimmt, dem die Wirtschaft selber als etwas an sich »Unsoziales« gilt; das will sagen, wer also leugnet, daß Wirtschaft und menschliches Zusammenleben grundwesentlich verflochten sind. Eine richtige Auseinandersetzung darüber ist hier unmöglich. Vorgreifend sei aber doch einiges gesagt, nur wieder, um den Boden etwas aufzulockern.

Es ist eine weit verbreitete, fast die allgemeine Ansicht, Wirtschaft sei, rein grundsätzlich genommen, die Sache des »Einzelnen«. Für die »Güterlehre« ergibt dies nebenher einen drolligen Widerspruch; denn hier ist ja allemal nur Erwerb als die Wirtschaft gedacht, und wenn der »Einzelne« auch alles könnte, erwerben, wie es hier in Frage steht und für »Wirtschaft« angesehen wird, das kann er in seiner Vereinzelung nicht! Als »Güterlehre« verhöhnt sich also die heutige Theorie soweithin selber, als sie das grundsätzlich »Unsoziale« der Wirtschaft behauptet. Aber jene Ansicht übersteht noch ganz andere Widersprüche; zu fest stützt sie sich auf geheime Rückhalte. Da spukt von rechts das »Wirtschaftliche Prinzip«: »Suche den höchsten Nutzen mit den geringsten Kosten zu erzielen!« Daran hänge die Wirtschaft; ein Handeln gemäß diesem Prinzip stünde jedoch auch dem »Einzelnen« zu, daher also Wirtschaft grundsätzlich dessen Sache sei. Nun, was sich aus dem hellen Widersinn jener landläufigen Fassung dieses »Prinzips« überhaupt als vernünftiger Sinn herauswickeln läßt, ist einfach der von mir so genannte Grundsatz der technischen Vernunft: »Handle stets mit dem vergleichsweise mindesten Aufwand!« Diesem Grundsatz bleibt freilich auch der »Einzelne« unterworfen, weil auch er handelt und dies technisch vernünftig zu besorgen hat; aber damit ist natürlich für die »nichtsoziale« Artung der Wirtschaft auch nicht das mindeste bewiesen. Von links dagegen meldet sich Herr Robinson, der ja allemal herhalten muß, sobald sich die »Güterlehre« in einem lichten Augenblick zurückbesinnen will vom Erwerb auf Wirtschaft. Denn buchstäblich erwerben, darüber ist man sich klar, könnte auch Robinson nicht, gewiß aber wirtschaften. Kann er dies nun wirklich? Warum nicht! Nur führt er nicht jene »Musterwirtschaft«, jene sozusagen noch nicht sozial entartete, die man ihm nachrühmt; sondern umgekehrt, eine ganz und gar verkrüppelte Wirtschaft treibt er, weil einfach in der Robinsonade das menschliche Zusammenleben bis zum äußersten Grenzfall eingeschrumpft erscheint. Davon selbst abgesehen, wie sehr sich Robinson überhaupt nur kraft seiner materiellen und geistigen Erbschaft aus dem Zusammenleben zu behaupten weiß, kann man im Grundsatz sagen: die Robinsonade ist nicht die durchgehende Einheit für den Aufbau, nur ein letztes Eins hinter dem Abbau des Wirtschaftslebens. Auch dieser abgesprengte Wirtschaftssplitter widerlegt also bloß scheinbar den grundwesentlichen Zusammenhang von Wirtschaft und Zusammenleben.

Wie die ganze Sache für meine eigene Auffassung liegt, kann wieder nur vorgreifend angedeutet werden. Ganz unabhängig vom Worte »Wirtschaft«, ohne auch nur im mindesten von dessen Deutung auszugehen, läßt sich ein Tatbestand nachweisen, den man hinterher darum »Wirtschaft« nennen muß, weil man ihn sprachrichtig gar nicht anders nennen kann; und erst und überhaupt nur darüber, über den Zwang zu dieser Nennung des vorher festgesetzten Tatbestandes, entscheidet der deutbare Sinn des Wortes. Der Tatbestand selber ergibt sich als der Auslauf einer spezifischen Teilgestaltung des menschlichen Zusammenlebens. Darin sehe ich den grundwesentlichen Zusammenhang zwischen Wirtschaft und Zusammenleben. Wirtschaft, als Leben, ist Gestaltung menschlichen Zusammenlebens im Geiste dauernden Einklangs von Bedarf und Deckung. An die Stelle dieser Teilgestaltung menschlichen Zusammenlebens setzt nun die nationalökonomische Theorie unverzagt jenes »Güterleben«, in dessen Konstruktion sich diese Theorie auch erschöpft.

Als »Güterleben« ist eben keineswegs eine Teilgestaltung vom Zusammenleben abgehoben. Da hat man sich vielmehr einen Mechanismus der Güterbewegung zurechtgelegt, dem alles Menschliche gerade nur die Begleiterscheinung abgibt. So ist ja tatsächlich das starre System im Geiste dieser verschrobenen Stoffbehandlung beschaffen; die noch so täuschende Auswattierung dieses Systems mit allwirtschaftlichen Einfällen ändert daran nichts. Diese Konstruktion eines »Güterlebens« geht auch nur scheinbar in der Formel »Individualismus« auf. Selbst angenommen, es wäre ein solcher Gedankenbau nur als das Werk und die Freude von »Individualisten« denkbar, so liegt in der Sache selber ebensowenig »Individualismus« als »Universalismus« damit vor; soweit diese Kartothekbegriffe überhaupt etwas sagen. Denn was mit der »Güterlehre« geboten wird, besagt keinerlei Stellungnahme zum, sondern ein glattes Herausstellen aus dem Zusammenleben! Dies geht so weit, daß man es in der Reinzucht dieser Theorie sogar für zulässig erachtet, von den menschlichen Handlungen gänzlich zu abstrahieren! Und dabei spielen sich als »Handlungen« ohnehin nur Tauschhandlungen auf, die als »atomistisch« vereinzelte ihr gewinnstrebiges Gegenspiel aufführen. Wird eben in der letzten Folgerichtigkeit gedacht, so darf wohl überhaupt nur die nackte Güterbewegung hier übrig bleiben. Sie erst liefert das »ungetrübte« theoretische Spiegelbild der Wirtschaft! Nebenbei gesagt, daß alle Welt die in diese Extreme auszüngelnde »Güterlehre« als »Wirtschaftstheorie« geduldig hinnimmt, im unerschütterlich guten Glauben, das sei und bleibe nun einmal »die«

nationalökonomische Theorie, das bringt wahrhaftig nur die abstumpfende, entnervende Gewöhnung eines ganzen Jahrhunderts zuwege.

14. Das völlige Un- oder eigentlich Widersoziologische der »Güterlehre« beruht darin, daß hier die Theorie einer Fachwissenschaft vom menschlichen Zusammenleben völlig »abgedreht« hat; und zwar so heftig, daß alle unmittelbaren Beziehungen zu den übrigen Fachwissenschaften schrill abreißen. Gerade nur die »formalistische« Jurisprudenz, die in mehr als einer inneren Verwandtschaft zu unserer heutigen Theorie steht, macht die Drehung willig mit. Alle anderen Wissenschaften aber wissen damit nichts anzufangen, wenn aus der Wirtschaft als Leben, aus einer Teilgestaltung des Zusammenlebens, ein rein mengenhaftes »Güterleben« geworden ist, nichts als ein ausbalanciertes Werden, Wandern, Verteiltwerden und Vergehen der Güter. Soweit es also auf die überlieferte nationalökonomische Theorie ankäme, dürften die übrigen Fachwissenschaften gleichsam stets nur um die Ecke des »Güterlebens« herum in das Wirtschaftsleben hineinsehen. Dies alles übertreibt nicht! Denn bei der »Güterlehre« handelt es sich doch um wissenschaftliche Auffassungen, und da müßte folglich das Grundsätzliche der Sache auch schon das für die Sache tatsächlich Entscheidende sein. Mein Bild der Sachlage weicht also nur so weit von der Wirklichkeit ab, als in dieser selber, in der Theorie als »Güterlehre«, abermals die »glücklichen Inkonsequenzen« am Werke sind, und geschäftig, das Krumme unter der Hand wieder gerade zu biegen.

Zum Vergleich setze ich hierher eine Stelle aus dem »Grundriß« von Schmoller: »Der Grundgedanke unserer Volkswirtschaftslehre ist der, daß das Wirtschaftsleben der Menschheit sich vollzieht in einer Summe von politisch-gesellschaftlichen Körpern, die sich teils neben-, teils nacheinander unserem Blicke darstellen.« Selbst wenn ich zugebe, daß man an Theorie ganz andere Ansprüche stellen muß, als ihnen hier genügt wird, zugestanden also, es wäre dies erst auf dem Wege zu eigentlicher Theorie: gut, aber dann würdige man zum mindesten diesen Weg! Er verliert sich nicht seitwärts in die Öde einer bloßen Mengenbewegung von Gütern, sondern führt mitten hinein in die Gestaltung menschlichen Zusammenlebens. In dieser, wenn auch erst werdenden Theorie, da regt sich eine ganz andere und lebensfrische Auffassung. Es wird unverkennbar in Gebilden gedacht, in richtigen Lebensformen, nicht in Gütern. Besonders deutlich verrät sich die Freiheit des Denkens von dem Zufälligen heutiger Wirtschaft. Mithin, in aller Naivität, zugleich aber mit dem Vollwert des bodenständig Aufgewachsenen, tritt uns hier allwirtschaftliche Auffassung entgegen! Nicht aber jene krämerhaft güterselige und erwerbsduselige Auffassung der »Güterlehre«, die unser fachliches Denken so weit abführt von seinem wahren Vorwurf, daß man sie fast eine widerwirtschaftliche heißen könnte.

Trotzdem wird diese »Güterlehre« heute noch mit solcher Gewißheit als die abgestempelt »nationalökonomische« Theorie empfunden, daß ich auf den Einwand gefaßt bleibe: Schmoller spricht hier eben als Soziologe, und es ist helles Unrecht, legt man seine Haltung als Maßstab an die nationalökonomische Theorie! Warum als »Soziologe«? Vielleicht gar, weil er von politisch-»gesellschaftlichen« Körpern redet? Das wäre ja ein völliger Rückfall in die wortfromm buchstabierende Deutung des Sachverhaltes. Was sich tatsächlich als »soziologisch« hier an Schmoller bekundet, ist bloß die richtige Art, wie er ein Nationalökonom zu sein strebt: Einfach um Nationalökonomie richtig zu betreiben, hält er es mit der soziologischen Methode! Das will sagen, seiner Wissenschaft sucht er völlig gerecht zu werden, ausdrücklich auch insoweit, als sie ihre Mission im Kreise der Wissenschaften vom menschlichen Zusammenleben zu erfüllen hat. Alles, was er in der notwendigen, unentrinnbaren Einseitigkeit seines Faches sagt, ist dann so gesagt, um unmittelbar einen lebendigen Widerhall zu finden in all den vielerlei Wissenschaften, die sich gemeinsam um den gleichen Vorwurf mühen. Gewiß wickelt der Nationalökonom die Zusammenhänge dieser Welt des Lebens stets einseitig auf — Einseitigkeit ist ja von Wissenschaft gar nicht zu trennen! Allein eben so, daß sich die einseitig aufgerollten wie von selber verknüpfen mit jenen Zusammenhängen, die wieder innerhalb der anderen Erkenntnisgebiete entwirrt werden, nämlich in den übrigen Fachwissenschaften. Woraus dann allmählich, von vielen Seiten her, immer dichter, immer engmaschiger, immer fester umschnürend, jenes geistige Netz sich gestaltet, das von unserem, stets nur im Zusammenhang sich auslebenden Denken listig der Wirklichkeit übergeworfen wird, im Sinne einer Erkenntnis, die ihres Stoffes wahrhaft Herr ist. Nur der rechte Zusammenhang im Vorgehen aller verbürgt diesen letzten, höchsten Erfolg. Niemals könnte dies ein hölzernes Nebeneinander tun, von stets wieder anders ausartenden Verschrobenheiten im Schema der geistigen Bewältigung des Stoffes. Welcher Stoff aber fordert mehr zur Einheitlichkeit seiner Bewältigung heraus als der, der doch selber von so majestätischer Einheit ist, durch den Allzusammenhang des Erlebten!

Wieviel unserer Theorie bisher entgangen ist, als bloßer »Güterlehre«, läßt gerade auch die Behandlung des Wirtschaftslebens in Max Webers Soziologie gut ermessen. Im Rahmen des ganzen Zusammenlebens wird hier an die Wirtschaft mit einer viel einfacheren Problemstellung herangegangen, als es in der Nationalökonomie der Fall sein müßte. Denn gerade für den Teil der Wirtschaft ist vorwaltend nur Systematische Soziologie am Werke, trotz der räumlichen Verteilung der »Wirtschaftssoziologie« auf beide Teile des Vermächtnisses; auch im zweiten Teil setzt Analytische Soziologie gleichsam erst nur an. Für die eigentümliche Wandlung seiner Erkenntnisziele ist es ja bezeichnend, daß Max Weber die soziologische Analyse zwar gegenüber Religion, Recht, Kunst so wundervoll handhabt, während er die Wirtschaft, trotzdem dort überall von der Beziehung auf sie ausgegangen war, als solche doch vergleichsweise vernachlässigt; und doch bleiben auch alle ihre besonderen Gestaltungen, sofern man sie einseitig als »Gemeinschaft« sieht, nicht minder dieser Analyse unterworfen!

Aber so einfach die Behandlung des Stoffes ausfällt, als »empirisch« und »formal« von Max Weber selbst gekennzeichnet, trotzdem also da alles auf reine Klassifikation, auf »Begriffskataloge« hinauszutreiben scheint, wie hoch überragt nicht trotzdem diese soziologische Theorie der Wirtschaft die herkömmliche unseres Faches! Die eigentlichen »Lehren« fehlen natürlich; man vermißt sie kaum. Wie einen Hohn aber empfindet man es gerade hier, daß Wirtschaftstheorie erst dann als »nationalökonomisch« gelten soll, wenn sie von den »Grundbegriffen« und von der Wassersuppe der gemeinen Erfahrung allein sich nährt und dann klapperdürr einherstelzt, gleich der »Güterlehre«. Als »Reinheit« der Theorie predigt man diese unglaubliche Versimpelung theoretischen Gebarens! So kann es kommen, daß erst von einer spezifisch nicht-nationalökonomischen Leistung, gleich der Max Webers, wahrhaft das »Meer von Licht« ausgeht, ergossen über die Fülle der Gestalten und Gesichte empirischer Wirklichkeit der Wirtschaft, wenn diese mit den tausend scharfen Augen der Tatsachenforschung gesehen wird. Aus keinem anderen Grunde aber zeigt sich diese Leistung Max Webers, und auch in der Gedankenführung, so überlegen der herkömmlichen »Güterlehre«, weil sich jene allwirtschaftliche Auffassung, von der schon die meisterhaften empirisch-nationalökonomischen Arbeiten Max Webers getragen waren, selbst bei dieser veränderten Problemstellung sieghaft durchsetzt! Darum begegnet sich auch diese soziologische Wirtschaftstheorie so vielfach mit allen Ansätzen geläutert nationalökonomischer Theorie. Im ganzen, so kann man ruhig sagen, schuf hier Max Weber im voraus das richtige, und ein höchst wertvolles Gegenstück zur Allwirtschaftslehre! Trotz der anderen Einstellung ist ein köstliches Vorbild geboten, und eine reiche Schatzkammer hat sich aufgetan. Weniger für die Grundlehren, im Sinne etwa einer »Theorie der Ewigen Wirtschaft«, um so mehr aber für die Formenlehre, für die »Theorie der gewordenen Wirtschaft« überhaupt.

## Methodologische Glossen.

15. Was immer man sagen wollte gegen jene eingerostete Art, nationalökonomische Theorie zu treiben, es prallt alles an dem blinden Glauben der Methodologie ab, hier läge klipp und klar ein »Zwang unseres Denkens« vor. Täte man immerhin bei dieser »Güterlehre« der Wirklichkeit mehr oder minder Gewalt an, es verschlägt nichts; so müsse man einfach vorgehen oder überhaupt darauf verzichten, der Deskription eine Theorie gegenüber zu stellen, die nicht selber Soziologie wäre.

Worin soll nun eigentlich jener Zwang beruhen, der alle nationalökonomische Theorie bei der »Güterlehre« landen ließe? Die methodologische Formel dafür lautet bekanntlich: hier walte der Zwang zur »isolierenden Abstraktion«! Das wisse jedes Kind, wie unentbehrlich sie für alles Erkennen auf unseren Gebieten sei, analog zum experimentellen und theoretischen Vorgang in anderen, zum Beispiel in den Naturwissenschaften. Aber schon mit dieser Analogie hat es meines Erachtens die schwersten Bedenken. Die Formel selber, von der »isolierenden Abstraktion«, scheint mir ziemlich viel von einer Selbsttäuschung an sich zu haben. Hier aber wäre sie mehr als ein Ammenmärchen der naiven Theorie vorerzählt, um diese in das wohlige Gruseln einzulullen, ihr Verhalten entspringe aus einem »Zwang unseres

Denkens«. Im Verfolg dieser Ansichten würden hier aber ganz trostlose Abschweifungen drohen. Denn von da aus ginge es tief hinein in eine kritische Erörterung der »idealtypischen« Begriffsbildung, im Geiste Max Webers. Jenes wunderbaren Erkenntnismittels, ohne das in unseren Wissenschaften weder Empirie möglich wäre noch auch Theorie im richtigen Sinne. Wobei jedesmal als »Idealtypus« das »Wesentliche«, es mag sich nun in »Wertbezogenheit« oder in »Problembezogenheit« von der unendlichen Mannigfaltigkeit alles Wirklichen abheben, so übersteigert wird, daß es kraft seiner eigenen Zusammenhänge die ganze Fülle der wirklichen Zusammenhänge entbehrlich macht; wir glauben dann bei diesem emporgezerrten Geflechte ihrer roten Fäden schon die »ganze« Sache zu erfassen. An sich nun hätte dieses Hervorheben, dieses Betonen des »Wesentlichen« nichts mit »Isolieren« zu tun; bleibt doch sozusagen die ganze Wirklichkeit insgeheim daran hängen; denn jederzeit und in jedem Ausmaße ließe sich auch das »Zurückgedrängte«, das steigend »Unwesentliche«, noch einbeziehen, ohne das Gedankenbild zu verwirren.

Dem Anschein richtiger »Isolierung« leistet aber etwas anderes Vorschub: das Einspielen der »Fiktion«! Alles hängt an der Einsicht, daß die »idealtypische« Begriffsbildung in zwei Spielarten auftritt. Sie kann auch von etwas anderem ausgehen als von der Empirie, mit deren Hilfe zwar auch kein »Abbild« der Wirklichkeit, aber deren geistiges »Nachbild« erzielt wird. Man kann nämlich von vornherein auch in rein konstruktivem Sinne mit eitel »legitimen Fiktionen« arbeiten; ich meine bei der Begriffsbildung selber, und nicht bloß in Sachen der Hilfserwägungen, die als solche in der Wissenschaft allemal mit Fiktionen arbeiten. Hier überall spielt absehbar die Frage des »Rationalen« herein, dessen hohen Erkenntniswert Max Weber so klar hervorhebt. Jedenfalls ist dieser rein konstruktiv entstandene »Idealtypus« nicht vom Werte eines geistigen »Nachbildes«, sondern einer bloßen »Nachdichtung« der Wirklichkeit! Diese Nachdichtung erscheint trotzdem als um so rechtmäßiger, je »freier« sie geartet ist; das will in diesem Falle sagen, je ungehemmter sich dabei das Denken gemäß der Vernunft bewegt. Bei solchen »freien Nachdichtungen« der Wirklichkeit folgt man einfach den Spuren des vernunftmäßig Selbstverständlichen!

So erstehen in unserer Theorie jene Theoreme, mit denen eigentlich nur Gemeinplätze breitgetreten sind; auch damit sich abzugeben, bleibt das Los unserer Wissenschaft, als »Erkenntnis des Bekannten«. Die herkömmliche Theorie gibt sich überhaupt nur damit ab. Da sie mit ihrer Begriffsbildung grundsätzlich nirgends hinter der Empirie fortarbeitet, kennt sie Nachbilder der Wirklichkeit eigentlich nur als Füllsel. Sie baut am System der »Güterlehre« fast ausschließlich mit Nachdichtungen. Aber diese sind bei ihr allemal »unfreie«! Denn hier gehorcht das konstruktive Denken, wenn es dem »Rationalen«, dem vernunftmäßig Selbstverständlichen auf der Spur bleibt, von vornherein jenen ungewußten »erwerbswirtschaftlichen« Einstellungen, die gleich Bindungen von ihm wirken. Als Abschluß ein zusammenfassendes Bild. Für alle legitimen Fiktionen, für die erkenntnisnotwendigen Unterstellungen überhaupt, drängt sich das Gleichnis von Hilfslinien auf, ohne die ja eine regelrechte Zeichnung nicht zustande kommt. Im Zuge des Gleichnisses könnte man übertreibend nun sagen, die ganze »Güterlehre« sei eine Zeichnung aus eitel Hilfslinien, diese aber alle unter einem schiefen Winkel gezogen! Natürlich ist mit diesen halb orakelhaften Vorstößen auf das Gebiet schwierigster Methodologie hier nichts anzufangen. Zum Glück läßt sich der ganzen Sache auch schlichter beikommen.

Niemand wird leugnen wollen, wie packend anschaulich, wie eingänglich es ist, setzt man für das verwirrende Treiben des Wirtschaftslebens das »Güterleben« ein, obwohl es im Grunde doch bloß der Wirtschaft schales Außenbild bleibt. Damit treten uns sozusagen die »res gestae« des Wirtschaftslebens in schlichtester Ordnung vor Augen. Dieses Ganze der Vorstellungen von der ewigen Wiederkehr im Auf und Ab der Güterbewegung, von dem vermeintlich damit schon erfaßten »wirtschaftlichen Kreislauf«, kommt einer Art »Volksausgabe« der nationalökonomischen Theorie gleich, jedoch mit einem Stich ins hanebüchen Drastische, Kolportagehafte. Gewiß, auch die reife Theorie wird sich die anschauliche Kraft dieser Art Reduktion des Wirtschaftslebens nicht entgehen lassen, der Reduktion nämlich auf den nie fehlenden Begleitvorgang aller Wirtschaft, eben die Güterbewegung. So wird man zum Beispiel gelegentlich immer wieder mit der hilfreichen Vorstellung des »Güterstromes« arbeiten. Die Theorie braucht fallweise auch keine Scheu zu tragen, sogar in einem tieferen Sinne »in Gütern zu denken«. Als einer Hilfe nämlich beim Vorgang des Erkennens wird man sich stets wieder des Tricks bedienen, die Zusammenhänge des Wirtschaftslebens gleichsam vom Objekt her aufzurollen, eben von den Gütern her. Dies wird namentlich hinsichtlich aller Dinge des Größenspiels der Wirtschaft öfters so zu pflegen sein. Besonders aber gilt dies in Sachen der Theoreme, die vornehmlich zum Berufe ihrer technischen Auswertung erarbeitet werden, auf die also irgendeine der Kunstlehren im Schlepptau unserer Wissenschaft lauert; ob nun die Kunstlehre in der Richtung der Finanzwirtschaft, oder jene des Erwerbsbetriebes in der Unternehmung, oder der bewußten Eingriffe in das wirtschaftliche Treiben, im Sinne irgendeiner »Politik«, zum Beispiel der »Zollpolitik«. Derlei Theoreme, die auf der Kippe zwischen Wirtschaft und Technik halten, dürfen einsehbar einen besonders reichen Gebrauch von der »Vergüterung« des Wirtschaftslebens machen. Hier gilt es gleichsam überhaupt nur die Hilfslinien zu ziehen, um sich an ihnen in der Wirklichkeit praktisch zurecht zu finden. Die eigentlichen, die Grundlinien, weiß dann die Praxis selber schon einzuzeichnen, weil sie Auge in Auge mit der Wirklichkeit verharrt. Hingegen aber, daß die Theorie überhaupt nur am Ziehen dieser Hilfslinien ihr Genüge finden soll, bis sich die Wirklichkeit theoretisch nur mehr in einer Zeichnung aus eitel Hilfslinien spiegelt, nein! Fiktionen, der Erkenntnis hilfreich zur Seite, das ist schön; Fiktionen im Dienste der Technik, das ist schön und gut; aber Fiktionen einfach an Stelle aller Erkenntnis, das ist übel!

Wo in aller Welt steht es geschrieben, daß unsere Theorie die wirtschaftlichen Zusammenhänge grundsätzlich nur vom Objekt her aufrollen soll? Gerade dies entspricht aber dem starren Schema der Stoffbehandlung in der herkömmlichen Theorie, im Sinne der »Güterlehre«. Mit der beschönigenden Deutung, so verlange es eben der »Zwang zur isolierenden Abstraktion«, ist es ja wirklich nichts. Welcherart Zwang hier tatsächlich waltet, kommt bald zur Sprache. Vorher soll aber einiges Wasser in den allzu starken Wein dieser Kritik am Herkömmlichen gegossen werden. Einmal möge es um einen Grad verständlicher werden, warum die Theorie von heute an ihrem Vorgehen festhält und auch festhalten zu müssen glaubt; denn jene methodologische Ansicht von der Allgewalt der »isolierenden Abstraktion« steht gewiß nicht allein hinter jenem schier unerschütterlichen Glauben; das setzt bei jeglichem Theoretiker Methodologie, also zuviel voraus. Zweitens aber darf man der Theorie von heute nicht die Anerkenntnis vorenthalten, wieviel sie trotz aller Verschrobenheit zu leisten wußte, wenigstens in Einzelheiten der Erkenntnis.

16. Was die »Güterlehre« überhaupt leistet, sei kurz überschlagen. Für die Erkenntnis leistet die herkömmliche Theorie als Ganzes nicht allzuviel. Wenn sie uns vom Wirtschaftsleben stets nur den Kolportageroman des »Güterlebens« zu erzählen weiß, das hat nichts Überwältigendes an sich. Für die Empirie unserer Wissenschaft selber aber leistet sie platterdings nichts. Der echte Empiriker, der Forscher in Tatsachen, merkt den »Kommerzialismus« der Theorie heraus und dankt für sie. Sie selber hätte zwar den Ehrgeiz, für alles nationalökonomische Denken überhaupt die Grundlage zu erarbeiten. Die »Grundbegriffe« will sie ja festlegen. An dieser Absicht gemessen nehmen sich aber ihre »Lehren« als ein trefflicher Wortwitz aus, angesichts ihrer theoriespeienden Artung und daraus folgenden Selbstverneinung. Der Empiriker gebraucht die fraglichen Worte, vom »Wert« angefangen, in der harmlosesten Unbekümmertheit, einfach in ihrem Alltagssinn, also im wechselnden Sinn, gemäß dem ganzen Zusammenhang; im Gleichnis gesprochen: Über die gleiche »Schiene« des Wortes rollen verschiedene Züge, je nach der Verkehrslage, dem Gedankenverlauf. Nicht viel anders als die Empiriker halten es aber selbst die Theoretiker, gleich zwei Zeilen hinter ihrer »Definition«, und tun gut daran. Jedenfalls, denkt man sich einmal die ganze Theorie als »Güterlehre« weg, es wäre also jenes Bild aus eitel Hilfslinien, an dem man nun schon ein Jahrhundert zirkelt, einfach ausgelöscht — die Empirie unserer Wissenschaft, ihre Tatsachenforschung, würde gar nichts merken! Nach wie vor würde sich jeder Empiriker, auf Grund der gemeinen Erfahrung einerseits, seiner empirischen Einsicht andererseits, für seinen Hausbedarf an Theorie selber eindecken. Um in dieser Ausmalung noch einen kecken Schritt weiter zu gehen: unserer Wissenschaft wäre beileibe nicht der Kopf abgeschnitten, bloß eine Art knolliger Wucherung, die eigentlich nur ein »Reizzustand« hervorgerufen hat, nämlich die Reibung mit den Aussprüchen der Praxis des Lebens!

Dahinzu in der Tat muß man auch die herkömmliche Theorie ernst nehmen. Hier liegt wirklich eine Leistung von ihr vor. Sie alimentiert die

Kunstlehren, die ihre theoretische Untergründung von unserer Wissenschaft fordern. Zwar kommt sie, wie sie einmal ist, auch diesem Dienste nicht vollwertig nach; sie bietet schlechte Hausmannskost. Immerhin war es anzudeuten, wie zu technischer Verwertung gerade die »güterseligen« Theoreme brauchbar, fallweise sogar unentbehrlich wären. Jedenfalls ist es diese einseitige Leistung, die Kunstlehren theoretisch zu fundamentieren, worauf die ganze »Güterlehre« zugeschnitten erscheint. Daher ihr »Kommerzialismus«, daher ihr Parteinehmen für das Größenspiel der Wirtschaft, daher auch ihr Hang nach allem, was einem »Gesetze« von weitem ähnlich sieht; und wenn es allemal auch nur die »idealtypisch« bündige Darlegung eines Zusammenhangs besagt, den man sich jederzeit an den fünf Fingern abhaspeln kann. Hier spukt übrigens die kurzsichtige Meinung, alle technische Erwägung sei hinsichtlich ihrer »ratio« auf einen allgemeinen Satz angewiesen.

An diesem ganz einseitigen Zuschnitt unserer Theorie verrät sich deutlich auch ihre Unreife. Ihrer unleugbaren Schwäche, in Sachen der Erkenntnis sowohl als des inneren Wissenschaftsbetriebes, bleibt sie sich instinktiv bewußt. Dieses Gefühl schlägt nun in den kleinlichen Ehrgeiz um, zum mindesten der Praxis etwas zu bieten; man sucht also ein für das praktische Handeln sofort verwertbares Wissen zu produzieren. Das Leben bestürmt ja gleich schon die unentwickelte Theorie mit seinen Fragestellungen. Das macht die Theorie einerseits altklug; auf der anderen Seite fühlt sie sich ihrer selbst unsicher. Daher auch die dämonische Gewalt aller naturwissenschaftlichen Gedankengänge über sie, was übrigens ganz allgemein das Stigma naiver Theorie von »unsoziologischer« Haltung bleibt. Sieht doch unsere Theorie mit neidisch bewunderndem Blick, wie weit ihr die Naturwissenschaften darin voraus sind, sich als Erkenntnis im Dienste des Handelns zu erschöpfen, also der Technik nachzulaufen. Solange der nationalökonomischen Theorie noch diese Eierschalen technischer Haltung ankleben, fürchtet sie nichts so sehr, als für »unpraktisch« zu gelten. Wie könnte sie also ihren einseitigen Zuschnitt auf Technik, der übrigens auch hier entwicklungsnotwendig vorangeht, so leichthin abstreifen wollen! Man sieht, gerade dies mauert sie um so tiefer in den Glauben ein, als nationalökonomische Theorie sei sie entweder so, wie sie ist, oder überhaupt nicht möglich! Fern bleibt ihr der Gedanke, wie viel mehr eine Theorie gerade auch dem praktischen Leben zu bieten vermag, wenn sie nur erst sich selber in Reife gefunden hat. Am allerwenigsten aber wird bei dieser Sucht, alles auf technische Verwertbarkeit anzulegen, an den Vorwurf unserer Wissenschaft gedacht, der doch erhaben genug ist, um auch seiner selbst wegen erkannt zu werden: das menschliche Zusammenleben, hier in seiner Teilgestaltung als Wirtschaftsleben.

Allein, trotz ihrer bebenden Gier, dem praktischen Leben etwas zu sein, blieben der »Güterlehre« auch theoretische Erfolge, richtiger Gewinn an Erkenntnis, im einzelnen durchaus nicht versagt. Unser Denken scheint robust genug, um selbst über innere Hemmungen hinweg seine Sache richtig zu tun. So wäre es ein lächerliches Mißverständnis, zu glauben, man müßte im Zeichen der allwirtschaftlichen Auffassung die heutige Theorie »en bloc« verwerfen! Vielleicht bringt man dann mehr an wertvollem Inhalt heraus, als es heute davon den Anschein hat. Heute nimmt sich unsere Theorie eigentlich als Ein Widerspruch aus, eine einzige wechselseitige Verneinung. Dennoch ist unendlich mehr vorhanden als die Schwänze der Löwen, die sich da gegenseitig auffressen. Es gilt bloß, den reichen Inhalt an Gedanken vor der theoretisch schiefen Einstellung des Denkens selber in Schutz zu nehmen. Dafür genügt es im großen und ganzen — denn einiges bleibt ja wohl nachzutragen —, wenn man die eitel »Hilfslinien« jener Gedankenzeichnung ihren wahren Sinn wieder gewinnen läßt, indem schon die Theorie selber die Haupt- und Grundlinien einzeichnet. Nur muß dies im festen Zuge und einheitlich geschehen. Flickarbeit verfängt nicht.

Es liegen hier doch grundsätzliche Verkehrtheiten vor, organische Fehler der Theorie. Darum verträgt sich mit ihnen die geistvollste und scharfsinnigste Art, Theorie zu treiben, genau so gut wie die ödeste; und verantwortlich für diesen Fehler läßt sich weder der einzelne machen noch irgendeine Schule von heute. Darum ändert daran auch keinerlei Verfeinerung der Theorie etwas, wie zum Beispiel die, mathematisch freilich so schief ausgedrückte Scheidung zwischen »Statik und Dynamik«. Noch weniger rettet alle Verklügelung der Theorie etwas, am wenigsten der so unmathematische Mißbrauch der Infinitesimalrechnung. Aber auch hier wäre mit einem Kurieren an den Symptomen gegen eine so tief sitzende Verfehltheit sicherlich nicht aufzukommen. Das Messer muß rücksichtslos dort ansetzen, wo das Übel zutiefst sich eingenistet hat und dort auch immer weiterfräße, selbst wenn man Pflaster auf Pflaster auflegen würde. Nur ein solches Pflaster besagt es, sobald man zum Beispiel höchst löblicherweise dafür eintritt, die Theorie müsse neben dem »Rein-Ökonomischen« der »Sozialen Kategorie« gebührend Ehre antun. Aber mit einem Mehr an Inhalt der Theorie ist es noch lange nicht getan. Auch eine solche halbe Läuterung vermehrt das Irrsal unserer Theorie vorerst mehr, als daß es ihr zum Heil würde.

Beiläufig gesagt, das »Rein-Ökonomische« hier, in dieser immer wortfrommen, dem Buchstabieren zugeneigten Umgebung, als Gegensatz zu verstehen zur »sozialen Kategorie«, das macht sich unbezahlbar: hat man denn ganz vergessen, was »oikos« besagen will? Wäre dies vielleicht etwas »Nicht-Soziales«? Mit diesem »Rein-Ökonomischen«, wie es als das mit Tausch und Preis Zusammenhängende gemeint ist, hätte zum Beispiel die »Oikenwirtschaft« just am wenigsten zu tun. Da ist eben eine völlige Verschiebung des theoretischen Wortsinnes vom »Ökonomischen« eingerissen, nach dem Tauschgüterwesen hin, nach dem Erwerbswirtschaftlichen!

Im Leben selber ging die Verschiebung anderswo hin, vom Haushalt zum Haushälterischen, zum »Sparsamen«; so wird hier das »Ökonomische« verstanden, und daher auch das »Ökonomische Prinzip«. So wird ja auch im Bereiche der Technik vom »Wirtschaftlichen« hartnäckig dort gesprochen, wo die Technik bloß sich selber bejaht, beim Niedrighalten des Aufwandes nämlich. Keiner bloßen Verschiebung, sondern schon einer geologischen

»Verwerfung« gleich kommt der Ausdruck »Sozialökonomik« als Name unserer Wissenschaft. Äußerstenfalls von einer »Grünfarbenlehre«, nie aber von einer »Farbengrünlehre« kann man reden. Der neue Name war sicherlich gut gemeint, ist aber widersinnig gefügt. Überzeugend wäre diese Randbemerkung allerdings erst, wenn ich hier schon die Wendung vom »Ökonomisch-Sozialen« besser rechtfertigen könnte und des näheren zeigen, in welchem Sinne mir Wirtschaft als eine der drei Teilgestaltungen des Zusammenlebens erscheint, eben als die Gestaltung menschlichen Zusammenlebens im Geiste dauernden Einklangs zwischen Bedarf und Deckung. Hier aber, wo diese kürzende Formel für den Tatbestand, der als Vorwurf unserer Wissenschaft erscheint, doch nur für eine »Definition des Grundbegriffes Wirtschaft« genommen würde, fällt diese ganze Erläuterung auf die Nase.

17. Offenbar ist es der »güterselige« Charakter der heutigen Theorie, was sie den übrigen Fachwissenschaften vom Zusammenleben abspenstig macht und so ihre unsoziologische Haltung verschuldet. Freiwillig liefert sich das fachliche Denken diesen Einseitigkeiten nicht aus; auch seine technischen Allüren machen es allein nicht. Das Denken beugt sich da wirklich einem Zwang. Aber er ist nicht im eigenen Wesen des Denkens begründet, wie das Märlein vom Zwang zur »isolierenden Abstraktion« faselt, sondern einfach in einer Notlage dieses Denkens hinsichtlich seiner Problematik! Das ist unschwer abzuleiten. Wenn sich zu diesem verschrobenen Bild des Wirtschaftslebens, zur »Güterlehre«, aus der ganzen Fülle der Zusammenhänge nur jene schürzen, die zwischen den Gütermengen hin und her laufen und immer erst von ihnen zu den Menschen als ihren bloßen »Behandlern«, so waltet da offenbar ein bestimmtes »Prinzip der Auslese«. Nun entscheidet über die Auslese dessen, was vom Standpunkt der nationalökonomischen Theorie aus für »wesentlich« gilt, für sie gleichsam in den geistigen Blickpunkt rückt, die »Problembezogenheit« des Erfahrbaren. Alles nämlich, was sich in der Beziehung auf die fachlichen Probleme aus dem Erfahrbaren aufgreifen läßt, ihrer Lösung zuliebe, das schließt sich zum Ertrag jener »Auslese« zusammen. Aber wie steht es mit diesen Problemen in der heutigen Theorie?

Da stoßen wir auf den Urgrund aller Verschrobenheiten dieser Theorie: sie kennt zwar ihrer Probleme eine Menge; nur just von ihren grundlegendsten Problemen, die gleich über die erste Einstellung des theoretischen Denkens ein für allemal entscheiden, weiß sie so gut wie nichts. Da wird von einem »Wertproblem«, von einem »Güterproblem«, von einem »Kapitalproblem« gesprochen und so fort. Viel mehr jedoch, als in diesen Worten selber liegt und sich bei ihrer Umstellung je zu einer Frage — zum Beispiel »was ist Wert?« — entladet, weiß unsere Theorie von ihren grundlegenden Problemen doch nicht. Darin beruht ja ihre »Wortgebundenheit«, der organische Grundfehler heutiger Theorie, daß sie ihre fundamentalsten Probleme nur immer einwörtlich zu stammeln vermag! Das Ungewußte dieser letzten Einstellungen macht diese aber unbeweglich. Die Theorie ist sozusagen zugleich problemblind und problemstarr. Daraus ihre geheimen Bindungen, das Unfreie ihres Denkens! Zusammen aber spannen diese, nur im

Unterbewußtsein sich auswirkenden Probleme die ganze Theorie auf das starre Schema der »Güterlehre«; und dem sekundieren noch theoretische Monstruositäten, gleich dem unsterblich blamablen »Wirtschaftlichen Prinzip« herkömmlicher Fassung. Eines ist das andere wert. So klittert sich der Eindruck zusammen, als wäre die nationalökonomische Theorie schon aus »Zwang des Denkens« darauf verhaftet, das Wirtschaftsleben als »Güterleben« zu sehen, als etwas, das ja keiner »Totalansicht« von der Wirtschaft gleichkommt, sondern eher einem totalen Vorbeisehen an der Wirtschaft. Aus dieser kläglichen Notlage des theoretischen Denkens soll ihm nun die allwirtschaftliche Auffassung endgültig heraushelfen.

Endgültig; denn an Versuchen, dieser »Herrschaft des Wortes« zu entrinnen, hat es schon bisher nicht gefehlt. Auch hier lassen sich dem dunklen Bilde einige Lichter aufsetzen. Man hat es wiederholt und gewissenhaft versucht, über die nationalökonomische Problematik sich Rechenschaft abzulegen. In aller Regel aber machte diese Selbstbesinnung halt vor der starren, wortfesten Grundlage der nationalökonomischen Problematik. Die grundlegenden Probleme haben sich stets dem Blick entzogen; sie verschwinden einfach hinter der spanischen Wand des »Kapitels der Grundbegriffe«. Was man daraufhin allein entfaltet hat, war dann natürlich nur ein System von Problemen der bereits als »Güterlehre« festgerannten Theorie. Immer sind es daraufhin überwiegend »Größenprobleme«; von den Gestaltungsproblemen laufen nur einige untergeordnete nebenher. Die »Güterlehre« selber weiß bloß von einer einzigen, alles beherrschenden Gestaltung: vom Schicksalsweg des Gutes, Produktion, Zirkulation, Distribution, Konsumtion der Güter, als »Kreislauf« gedacht. Nur ganz vereinzelt bohrt sich die Selbstbesinnung nationalökonomischen Denkens auch noch in den festen Grund der Problematik ein, auf der Suche nach den wortverschütteten Problemen.

Derlei ist bloß einmal großen Zuges versucht worden, als Eugen v. Böhm-Bawerk, über ein Zwillingspaar von »Grundbegriffen« hinaus, »Kapital und Zins«, nach den Problemen gerungen hat, die sich hinter diesen Worten bergen. Das hat er nicht nur überlegen durchgeführt; es war in dieser Eindringlichkeit des Denkens auch eine wahrhafte Neuerung, und tief ist es als solche auch empfunden worden. Wie anders erklärte sich auch der gewaltige Eindruck der Leistung Böhm-Bawerks auf die ganze Fachwelt! Der Ruck, den alle spürten, war eben nahe vom archimedischen Punkt der ganzen Theorie ausgegangen, weil Böhm-Bawerk den Hebel eigentlich schon an ihre »Wortgebundenheit« angelegt hat. Allein, da er ihn nur einseitig ansetzte, ist der Hebel abgeknickt. Dem äußeren Verlauf nach wurde der geniale Neuerer zugleich von allen Seiten derer, die er aus der Ruhe des Herkömmlichen aufgestört hat, so sehr in Polemik verwickelt, daß seine Theorie wohl an Durchbildung, nicht aber an erkenntniskritischer Vertiefung gewann. Die erkenntniskritische Verallgemeinerung blieb überhaupt aus. Im Enderfolg konnte die Rückbesinnung auf vereinzelte Probleme doch nicht fruchten. Das Netz war bloß an einer Stelle durchgerissen, nicht abgestreift. In seinem Reste blieb selbst die vorstoßende Theorie hängen; die Theorie als Ganzes verfing sich neuerdings erst recht arg in diesem Netze. Abermals war die Wortgläubigkeit dahinter geschäftig, und ein kleinliches Fortspinnen der Gedanken. So ging auch dieser rühmliche Vorstoß als Episode aus.

Wie läßt sich nun wirklich der Zwang brechen, der aus dieser verhängnisvollen Notlage unseres fachlichen Denkens erwächst? Keineswegs durch irgendeine Änderung der Methode, soweit »Methode der Darstellung« gemeint ist, in jenem tiefen Sinne Heinrich Rickerts, daß man darunter die Art und den Vorgang der Begriffsbildung zu verstehen hätte. Das hieße das Pferd beim Schweif aufzäumen. Mein Spott über die »isolierende Abstraktion« verhüllt ja keineswegs die Absicht, etwa gar für eine recht lebhaft »abnehmende Abstraktion« freie Bahn zu schaffen, um auf diesem Wege der Wirklichkeit näher zu kommen. Der kommt man so nicht näher. In diesem »abnehmend abstrahieren«, wie es heute Übung ist, sehe ich einfach ein »zunehmend fingieren«, ein Häufen der Unterstellungen, von denen aus an die »unfreie Nachdichtung« der Wirklichkeit geschritten wird. Dann verdichten sich in der gewissen Zeichnung aus eitel Hilfslinien wohl die letzteren, es erleichtert sich das Einzeichnen der Grundlinien; aber auf diese kommt es geradeaus an, ohne erst solche Umwege einzuschlagen. Die »isolierende Abstraktion« selber bedarf aus dem einfachen Grunde keines Ersatzes, weil sie ja eigentlich gar nicht da ist. Das aber, was wirklich geübt wird, eben die »unfreie Nachdichtung«, räumt den Platz ganz von selber der rechtmäßigen »Methode der Darstellung«, sobald die Sache aus der Tiefe heraus eingerenkt wird.

Das ist möglich nur durch einen Wechsel in der »Methode der Forschung«! Diese ist auch wieder nicht in dem flachen Sinn etwa einer Technik der Behandlung von Tatsachen gemeint, zum Beispiel also im Sinne der »historischen Methode«, das will sagen des richtigen Umgangs mit den »Quellen«, sondern in jenem tiefen Sinn, wie sich das erkennende Denken überhaupt erst darauf einstellt, was ihm das erfahrende Denken vorlegt. Das hier Gemeinte hat schon angeklungen: Es gilt, das als Tatbestand richtig Gesehene erst noch richtig als Problem zu sehen. Dazu gehört mehrerlei. Erstens darf man sich schon am »Stoff« nicht vergreifen, nicht also für »Fakten« an »Daten«, nicht für die Tatbestände des Zusammenlebens an irgendwelcher »Natur«, in »psychologistischer« Unart; aber darüber habe ich mich längst schon in meinen Aufsätzen »Zur sozialwissenschaftlichen Begriffsbildung« ausgesprochen. Zweitens, was hier den Ausschlag gibt, es müssen wahrhafter Selbstbesinnung abgerungene Probleme sein, worauf man das Erfahrbare erkennend bezieht!

So weicht jeder Zweifel darüber, wie sich die allwirtschaftliche Auffassung über die Schwelle des theoretischen Bewußtseins heben läßt. Sie, die längst schon die beste Empirie unserer Wissenschaft getragen hat, als richtiges Lebensgefühl, soll fernerhin auch die Theorie beleben, als sichere Führung des theoretischen Denkens. Der Weg nun, diese Auffassung vollbewußt zu hegen, führt offenbar nur über die Läuterung der fachlichen Problematik! Beim Erarbeiten dieser Auffassung muß es die Nationalökonomie immerzu nach Klarheit treiben über ihre Probleme, unentwegt bis zu den grundlegendsten zurück, und nach Klarheit auch über den Zusammenhang zwischen ihnen. Als Ertrag dieser Läuterung der grundlegenden Problematik darf es noch nicht gelten, daß man je den verschiedenen »Grundbegriffen« entlang einzeln nach den Problemen tastet, um dergestalt den verhängnisvollen »Ausgang vom Worte« Schritt um Schritt zu überwinden. Vom Schweiß ihres mühseligen Werdeganges darf ja dem Abschluß einer Sache nichts mehr ankleben. Ganz grundsätzlich und in einem Zuge muß das Aufrollen dieser tiefsten Probleme geschehen.

Derlei Arbeit an ihr selber erscheint selbst für eine Erfahrungswissenschaft, die so inniglich wie die Nationalökonomie dem Leben verwachsen ist, zwingend geboten. Vorerst ist es freilich nur auf die Wissenschaft abgesehen, revidiert man ihre Problematik. In ihren Problemen lebt ja eine Wissenschaft ihr tiefstes Leben, und sie erlebt in deren Läuterung ihre eigene Reife. Für die Wissenschaft selber gipfeln auch alle Versuche, ihre Probleme zu lösen, abermals nur darin, diese Probleme selber zu läutern und ihres Zusammenhanges sicherer zu werden. Doch nur scheinbar ist dies »l'art pour l'art« gedacht. Das praktische Leben allerdings heischt Lösungen und harrt dieser immer ungeduldiger. Aber auch das Leben fährt dort am besten. Steht doch die Wissenschaft, je mehr sie in ihren Problemen selber reift, dann auch für immer reifere Lösungen gut, für Lösungen von steigender Leistungswucht. Stockt hingegen die Problematik einer Wissenschaft, wie im Zustand wortgebundener Theorie, soll das Leben dabei viel gewinnen? Ja, als noch das ganze Wirtschaftsleben vergleichsweise ruhig dahinlief, in einem annähernden Beharrungszustand, da war zur Not selbst mit einer Theorie von jener seltsam versteiften Problematik auszukommen. Heute aber, wo alle Wirtschaft Eine Krisis, unsere Zeit Ein Zweifel ist!

18. Im Umriß ist es allmählich hervorgetreten, wie sich die Theorie der neuen Haltung abhebt von jener der herkömmlichen. Den tiefsten Wandel führt die Läuterung der nationalökonomischen Problematik herbei, der Bruch mit der Wortgebundenheit der Theorie. Daraus geht nun gleich mehrerlei hervor, unter sich innig verflochten. Einmal löst sich jene geheime Bindung an die Wirtschaft von heute; hiermit tritt an die Stelle der »kommerzialistischen« Theorie die Allwirtschaftslehre, im buchstäblichen Sinne des Wortes. Aber es ist gleichzeitig der Zwang zur »unfreien Nachdichtung« des Lebens überwunden; die »Tauschgüterlehre«, die man heute als den notwendigen »Hauptinhalt« unserer Theorie wähnt, sinkt zur Rolle einer Hilfserwägung herab. Damit wieder streift unsere Theorie ihren »unsoziologischen« Habitus ab. Wie sich die soziologische Methode selber durchsetzt, wird noch in naher Folge klarer. Jedoch ein Drittes ist absehbar geworden. Weil sich nämlich die Theorie nur in einem Laufe mit der ganzen nationalökonomischen Problematik läutert, tritt ein weiterer Umschwung ein: aus einer »Theorie der bloßen Lösungen« wird eine »Theorie der Probleme«! Wie das letztere gemeint ist, soll auch noch klarer werden. Dagegen ist es bereits klar, wie das erstere zu verstehen sei. So eigentümlich versteift ist eben die Problematik bei ihr,

daß in der herkömmlichen Theorie von den grundlegenden Problemen wirklich nur einwörtlich gestottert wird, von ihnen gehandelt aber nur ausnahmsweise und ohne rechten Zusammenhang. Als eigentlicher Gehalt der Theorie kehren also nur die Versuche wieder, die alten Probleme immer von neuem zu lösen, wobei die Probleme selber im Unterbewußtsein steckenbleiben. So stumpft das Ganze zu einem Wust von Lösungen ab, die einander im end- und hoffnungslosen Wechsel folgen.

Im engsten Zusammenhang damit endlich ein Viertes. Aus einer Theorie, die sich fast gänzlich aussondert aus ihrer Wissenschaft, um ein pathologisches Eigenleben zu führen, soll eine Theorie werden, die, zu Dank ihrer organisch richtigen Verbundenheit mit dem Ganzen ihrer Wissenschaft, einen hervorragenden Anteil nimmt an deren frischem Leben. Die Theorie von heute weist ja Verbindungen eigentlich bloß mit den Kunstlehren auf, indem sie diese theoretisch zu untergründen trachtet. Selbst diese Verbindungen sind wie zerfasert, angesichts des tumultuarischen Zustandes der »Lehren«. Dem markigen Großteil unserer Wissenschaft aber, der Empirie, bleibt die Theorie gänzlich entfremdet. Das seltsame Verhältnis zwischen ihnen läßt sich auf die Formel bringen; heute lernt die Theorie von der Empirie nichts, noch wüßte sie ihr etwas zu lehren! Sie lernt nichts von ihr, nützt die Ergebnisse der Empirie nicht, weil sie sich grundsätzlich auf der gemeinen Erfahrung aufbaut, getreu der »klassischen« Tradition. Mindestens entscheidet dies über ihr eigentliches Gefüge, so daß Ergebnisse der Empirie immer nur äußerlich einbezogen werden, als Umrahmung der Theoreme, Füllsel des »Systems«. Die Theorie weiß aber der Empirie auch nichts zu lehren. Geschweige, daß sie ihr Probleme übermittelt, bleiben auch die wechselnden Lösungsversuche der starren theoretischen Probleme ganz ohne Eindruck auf die Empirie. Angeblich sollen ja damit die »Grundbegriffe« festgelegt werden. Man weiß mittlerweile, woran man da ist. Der Mißerfolg ist aber schon im Wesen der Sache beschlossen. Denn nur scheinbar drängen die Fragen von der Art: »Was ist der Wert?«, zu einer Fixierung des Denkinhaltes von diesem Worte, als Fachausdruck; vielmehr treiben sie zu immer erneuter Lösung der Probleme, die sich hinter dem Worte verbergen. Daher es auch von den Theoretikern selber nur folgerichtig ist, wenn sie wider Willen stets wieder in den wechselnden Alltagssinn der Worte »Wert«, »Kapital« usw. zurückfallen. Allen Theoremen jedoch, die über diese scheinbaren Wortdeutungen noch hinausgehen, mißtraut die Empirie, und wie es sich erwies mit Recht. Sie fühlt die »kommerzialistische« Verbogenheit des theoretischen Denkens heraus. Das ergäbe stumpfe Werkzeuge für sie; so improvisiert sie lieber ihre eigenen.

Es ist absehbar, auch als Allwirtschaftslehre beutet die Theorie sicherlich die gemeine Erfahrung aus. Dazu verpflichtet schon die Eigenart unserer Wissenschaft als »Erkenntnis des Bekannten«. Nur verfährt sie dann auch ganz anders mit diesem absonderlichen Erfahrungsstoff, der so gesättigt ist mit hausbackener Abstraktion. Auch an ihn bringt sie die voll entwickelten Probleme des fachlichen Denkens heran. Entdeckungen können zwar auch dann unmöglich herauskommen; im Grund wieder nur Gemeinplätze. Trotzdem beanspruchen die Ergebnisse den Rang von echten Theoremen; denn zurechtgelegt hat man sich diese Gemeinplätze »problembewußt«, als das vernunftmäßig Selbstverständliche im Zuge der Probleme. So entsteht von der gemeinen Erfahrung her jene »Theorie vor den Tatsachen«, die mit der »Güterlehre« zwar auch, aber bloß in verzerrter Gestalt vorliegt. Wird doch in der »Güterlehre« das Ungeklärte der gemeinen Erfahrung immer nur zur Lösung von unbewußten Problemen verarbeitet, die noch dazu einer verschrobenen Einstellung des Denkens gleichkommen.

Der schärfste Unterschied aber sticht damit heraus, daß die Allwirtschaftslehre, soweit sie über »Theorie vor den Tatsachen« hinausgeht, auch als Theorie noch alle Ergebnisse der Empirie in sich verarbeitet! Gerade daraufhin läßt sie die herkömmliche Theorie weit hinter sich; putzt doch diese mit solchen Ergebnissen bestenfalls ihr starres Gerippe auf. Die Allwirtschaftslehre in den betreffenden Abschnitten verfährt mit diesen Ergebnissen natürlich ganz anders als etwa die »Systematische Soziologie«, im engeren die »Soziologische Theorie der Wirtschaft«. Auch diesen edleren Stoff einer schon verarbeiteten und vorher selber erst als Tatsachen erarbeiteten Erfahrung bewältigt die Allwirtschaftslehre stets nach der Richtschnur ihrer klar entwickelten Probleme. Wie sie diese Ergebnisse der Empirie sich einverleibt, sie gleichsam erst noch zuspitzt zu Lösungen ihrer eignen Probleme, das ist gleichbedeutend mit der Form, in der die Allwirtschaftslehre von der Empirie zu »lernen« sucht. Da liegt es sofort nahe, daß sie, umgekehrt wieder, die Empirie zu bewegen trachtet, ihre Ergebnisse auch auf die Lösung der theoretischen Probleme abzustellen. Die Allwirtschaftslehre lernt also in Lösungen und lehrt in Problemen.

19. Im Grunde versteht sich dieses Verhältnis zwischen Theorie und Empirie einer und derselben Wissenschaft ganz von selbst. Ihm widerspricht aber völlig die herkömmliche Haltung der Theorie, sintemalen diese in jener Hinsicht eben nichts lernt und nichts lehrt. So ist es denn auch begreiflich, daß man sich über dieses unnatürliche Verhältnis um jeden Preis hinwegzutäuschen sucht. Dahin scheint mir der Sinn der sonst ganz widersinnigen Formel zu gehen, daß sich Theorie und Empirie in unserer Wissenschaft zueinander verhielten wie »Deduktion« und »Induktion«. Man läßt ja bekanntlich dem Methodenstreit Menger-Schmoller als communis opinio die erheiternde Kunde nachlaufen, es hätte sich bei ihm um den Kampf zwischen »Deduktion« und »Induktion« gedreht. Nun, gedreht hat es sich dabei um sehr vieles, nur sicherlich nicht um dieses, obgleich die Worte »Deduktion« und »Induktion« hin- und herflogen. Im Kern aber prallten einfach die beiden Grundauffassungen zusammen! Zwar blieben sie beide unter der Schwelle des Bewußtseins; dafür ging auch der ganze Streit aus wie das Hornberger Schießen. Den besonders Klugen hat dieser Ausgang die salomonische Entscheidung eingegeben, »Deduktion« und »Induktion« seien eben gleichen Rechtes, gleichberechtigt in der Wissenschaft daher auch Theorie und Empirie! Ein Spruch von erlösender Kraft. Immerhin bringt er das Kunststück

zuwege, einen brüllenden Gemeinplatz schlüssig aus zweierlei Widersinn herzuleiten: daß einerseits unsere Theorie in »Deduktion«, andererseits unsere Empirie in »Induktion« aufgehe.

»Deduktiv« verfahre unsere heutige Theorie, weil da angeblich alles aus dem einen Obersatz abgeleitet sei, daß »jeder seinem Vorteil nachgehe«. Aber davor muß man die arme »Güterlehre« doch in Schutz nehmen. Es steckt beträchtlich mehr in ihr, als von dorther »deduktiv« herauskäme, nämlich nichts! Doch wäre es schließlich eher noch zu verzeihen, daß man den Obersatz einer »Deduktion« in dem sieht, was gar nichts anderes ist als eine der vornehmsten Unterstellungen für eine Konstruktion, für jene nämlich in Sachen der gewissen »unfreien Nachdichtung«. Zwar gehört dann zur »Ableitung« der »Güterlehre« außerdem die Kleinigkeit der gemeinen Erfahrung, und die hat als Ganzes wirklich nicht viel von einem ferneren »Zubehör einer Deduktion«; aber das scheint in methodologischen Fragen unserer Wissenschaft eine zu vernachlässigende Größe zu sein. So verzeihlich also jene kleine Verwechselung, unverzeihlich in jedem Betracht bleibt die Deutung unserer Empirie als »Induktion«. Es macht doch nicht einfach schon der Ausgang überhaupt von Tatsachen die »Induktion« aus! »Induktion« ist immer schon eine ganz bestimmte Behandlung von Tatsachen. Wann allein aber wäre eine solche Behandlung von Tatsachen so ohne weiteres am Platz, wie man es hier anzunehmen scheint? Offenbar doch nur, wenn sich aus Tatsachen überhaupt nichts anderes machen ließe, als von ihnen zu »allgemeinen Sätzen aufzusteigen«. Das trifft nun absolut nicht zu.

Es hat dieser »Aufstieg« ja Sinn, solange man sich in den Niederungen an sich zusammenhangloser Erscheinungsreihen bewegt, wozu alle Naturwissenschaft bei ihrer Tatsachenfeststellung verdammt bleibt, gemäß der ihr eigenen Art Erfahrung: sobald nämlich die erlebte Wirklichkeit, ihres anschaulich erlebten Zusammenhanges entkleidet, nur als anschauliche Mannigfaltigkeit vorliegt, als sinnloses Sein. Mehr sieht dann für unser zusammenhanglüsternes Denken einmal nicht heraus. Hier muß man sich letzten Endes schlechterdings mit dem minderwertigen Erkenntnismittel des »Gesetzes« begnügen, mit diesem Zusammenhangsurrogat, das zwar hinterher der Technik für ihren Bedarf alles bietet, aber dem Streben nach tieferer Erkenntnis fast ebensoviel schuldig bleibt, solange man nicht Metaphysik zu Hilfe ruft. Ganz anders aber dort, wo der anschaulich erlebte Zusammenhang, wie bei uns, schon in den Tatsachen steckt, weil diese von Erlebungen abgehoben sind, als »Fakten«, nicht als »Daten«, so daß also jeder Tatbestand eitel Zusammenhang in sich birgt, den man nur zu erschließen braucht, und darüber hinaus sogar im großen, einheitlichen Zuge aufzurollen vermag. Und trotzdem nun ausgerechnet der Verallgemeinerung, dem »Gesetz«, das letzte Wort der Erkenntnis zuzuschieben, so daß auch wir nichts Höheres als »Gesetze« finden, nichts Besseres als »Gesetze« suchen könnten, das kommt, um ein kräftiges Bild der Brutalität und Stupidität zugleich des unseren Wissenschaften damit zugesonnenen Vorgehens zu liefern, der Forderung gleich, Austern mit der Mistgabel zu essen!

Ins Wespennest ist gestochen; aber vertieft und richtig ausgetragen braucht die Sache hier nicht zu werden. Es ist auch so klar, wo jenes despektierliche Gerede von »Deduktion« und »Induktion« eigentlich hinaus will: man täuscht sich damit wenigstens den Schein eines inneren Zusammenhangs in der heutigen Nationalökonomie vor! Unwillkürlich sieht man unsere Empirie dort »induktiv« hinaufklettern, wo unsere Theorie heutigen Schlages »deduktiv« herabklettert, eben auf der Laubfroschleiter der Verallgemeinerung bis zu den Gesetzen. Und je oberflächlicher dies alles gedacht sein will, bevor es jene beruhigende Täuschung wirklich hervorruft, um so besser stimmt es ja in das ganze Bild dieser landläufigen — »Methodologie«!

Mit dieser Vorstellung von einer »deduktiven« Artung unserer Theorie hat es trotzdem sein ganz Besonderes. An sich gehorcht ja diese Vorstellung sklavisch dem Schema F des naturwissenschaftlichen Erkennens. Die naive Theorie, von jenem kleinlichen Ehrgeiz technischer Verwertbarkeit besessen, weiß nun einmal nicht anders über sich selber zu denken. Merkwürdig aber, zu dieser lächerlichen Vorstellung gleichsam umgebogen und so zur Karikatur geworden, ist trotzdem eine tiefe Einsicht in den wahren Sachverhalt: Hinter dem kindlichen Glauben an eine »deduktive« Ableitung aller nationalökonomischen Theoreme aus einem »Obersatz«, da birgt sich ein richtiger Instinkt davon, wie sich alle nationalökonomischen Probleme insgesamt und notwendig von einem Grundproblem herleiten müßten! Die hier entscheidende Läuterung der Problematik erheischt es ja, daß man aller Probleme gleich in ihrem einheitlichen Zusammenhang habhaft wird. Wie anders nun soll dieser Zusammenhang wahrhaft von Einheit sein, als so, daß Ein Problem beherrschend in die Mitte tritt, um alle anderen aus sich zu entlassen! Freilich, für den herkömmlichen Zustand der Problematik gilt dies wieder nur sehr annähernd; das ist hier eben das Pathologische. Ihre Probleme, von denen die heutige Theorie so wenig weiß, sind einheitlich nur in der gemeinsamen Ausrichtung auf die »Erwerbswirtschaft«. Jedenfalls, es kommt also auf diese »Deduktion der Probleme« an; wenn man es so nennen darf, was an Stelle jener wahnhaften »Deduktion der Theoreme« wirklich in Kraft steht.

20. So erhellt schließlich auch die Art, wie sich die Allwirtschaftslehre des näheren gebärdet, eben als eine »Theorie der Probleme«: In ihr vollzieht sich in einheitlichem Zusammenhang die Entwicklung aller nationalökonomischen Probleme! Allein, wenn sie bloß mit Problemen zu tun hätte, wo bleiben dann die Lösungen, also die eigentlichen Theoreme? Aber dieser Zweifel löst sich ungezwungen. Wie lassen sich überhaupt Probleme aus Problemen herleiten, oder auch in verkehrter Richtung, wie lassen sich gegebene Probleme auf Probleme höherer Art zurückführen? Diese »Filiation der Probleme« vollstreckt sich immer als ein Gleiches, ob nun theoretische Probleme in Frage stünden wie hier, oder praktische Probleme wie etwa in Sachen des technischen Fortschrittes: allemal sind auch die Lösungen mit von der Partie! Zwar läßt sich jegliches Problem zunächst von der Stelle aus entfalten, in Teilprobleme zerlegen. Dann aber stockt der »pro-

gressus«, bis man an die Versuche der Lösungen herantritt und daraus lernt, welche Fragestellungen nun dabei wieder erwachsen. So leben speziellere Probleme auf als Tochterprobleme von jenem, das vorher bloß entfaltet wurde und sich nunmehr erst recht als das »grundlegende« ausnimmt. Dieses Schema dafür, wie Probleme aus Problemen entstehen und umgekehrt wieder auf Probleme zurückführen, gilt natürlich auch für die Nationalökonomie. Mithin wird auch deren Theorie richtiger Haltung schon bei der Problementwicklung fortwährend zu Lösungen gedrängt und bereichert sich so um ihre derberen Inhalte, die Theoreme. Dann aber sind es Theoreme nicht von jener stumpfen Art wie in der »Güterlehre«, keine bloßen Lösungsversuche für eine starre und kaum bewußte Problematik; es vollzieht sich also kein leidiges Kneten und Umkneten, kein hoffnungsloses Herumtasten an den so vagen Lösungsmöglichkeiten eines völlig unentwickelten Problems, von dem stets ein bloßes Wort, der »Grundbegriff«, noch das beste zu sagen weiß. Vielmehr ringen dann offene Fragen nach ihrer klaren Antwort, als voll entwickelte Probleme, klären sich darüber selber und klären sich auch in ihrem inneren Zusammenhang, indem diese Antworten wieder als Zwischenglieder der Filiation dienen. Dies wirkt auch günstig auf die Antworten zurück; denn diese haben nun steigend geklärten Fragen zu genügen. In Theoremen aber, die allemal dergestalt ihrer eigenen Vervollkommnung dienen, daß sich die Probleme an ihnen klären und zurechtrücken, atmet schon das frische Leben einer Erkenntnis, die sich selber richtig gefunden hat! Darum bedeutet die Läuterung ihrer grundlegenden Problematik unverkennbar die höchste und fruchtbarste Form der Selbstbesinnung eines fachwissenschaftlichen Denkens. Damit verglichen ist das Ausgehen von vorweg hingenommenen »Grundbegriffen«, ob sie nun wirr oder »geordnet« vorliegen, nur ein Wühlen im Urschleim der Erkenntnis.

Erst in ihrer geläuterten Form, als Allwirtschaftslehre, kann der nationalökonomischen Theorie die Stellung zufallen, die ihr im Verbande unserer Wissenschaft gebührt. Nichts ist klarer, sie als die »problementwickelnde« Disziplin wird dann erst zum richtigen Kerngebiet der ganzen Wissenschaft! Eben weil sich in ihr die kernhafte Vereinheitlichung aller Probleme der Wissenschaft vollzieht, am Grundproblem. Von der Theorie aus weben dann alle Fäden, und nach ihr wieder zurück. Ihr selber obliegt die Lösung nur der grundlegenden Probleme, die eben gelöst sein wollen, um zu den weiteren hinzutasten. Die mehr randwärts sich entfächernden Probleme heischen ihre Lösung bereits von der Empirie, von der Forschung in Tatsachen, deren zahllose Gebiete sich rund um das Kerngebiet ordnen, während im Außenbereich der Wissenschaft sich erst noch die Kunstlehren vorlagern. Dieses ganze Gefüge baut sich dann nach der Richtschnur dieser Problementwicklung auf; aber auch schon innerhalb der Theorie ordnen sich ihre Inhalte gemäß diesem Zusammenhang der Probleme. Natürlich gilt es überwiegend nur im Grundsatz, daß erst die Theorie allen empirischen Gebieten die Probleme zuschiebt. Dort stößt die Forschung überall mit der Tatsachenwelt des Lebens zusammen; sie vermag also der Wirklichkeit selber die

Probleme abzulauschen, indem sie immer wieder neue Tatbestände richtig als Probleme zu sehen trachtet. Auch brandet vom Sturm des Lebens her ganz unmittelbar das Gewoge neuer Fragen an die Forschung heran. Für alle diese Probleme vom Rande steigt dann die Filiation nicht abwärts, sondern aufwärts; es rücken sich die Probleme, ob sie nun in der Empirie oder im Leben bodenständig sind, gegen die grundlegenden Probleme hin zurecht, kernwärts, bis zum einheitlichen Zusammenstoß aller, am Grundproblem der Wissenschaft. Nicht minder bei dieser rücklaufenden Bewegung klären sich Zusammenhang, Inhalt und Lösung der Probleme. So spielt ein fortwährendes Lernen und Lehren hin und her. Lebendigster Zusammenhang webt von der Theorie, als der »Forschung in Problemen«, nach der Empirie hin, als der »Forschung in Tatsachen«, und schlägt von dort belebend wieder zurück. Darüber erst vergliedert sich die Wissenschaft, die heute wie auseinandergebrochen zu eitel Stückwerk ist, zu einem lebensvollen Ganzen.

## Ausklänge.

21. Sinn und Beruf der Allwirtschaftslehre ließen sich anders nicht klären als durch eitel Angriffe auf die herkömmliche Art, nationalökonomische Theorie zu treiben. Eines aber kann man dieser Theorie nicht nehmen: sie oder doch etwas ebenso Naives mußte den Anfang machen! Nur fiel hier dieser Anfang ein wenig zu gründlich aus; alsbald trat ja die »klassische Schule« auf und täuschte sich selber und den Epigonen eine Reife vor, als wäre gleich im ersten Anlauf der Gipfel erstiegen worden. Aber wie es auch kam, niemals hätte eine andere als naive Theorie den Beginn machen können. Denn anders hebt der Werdegang einer Wissenschaft einmal nicht an. So nehmen sich im Grunde alle gerügten Fehler und Schwächen um so verzeihlicher aus, je mehr sie für entwicklungsnotwendig gelten dürfen. Das dürfen sie in hohem Grade. Ihre Reife erlangt eine Wissenschaft, das ist klar, immer erst im Wege der Selbstbesinnung ihres Denkens; es ist nicht minder klar, daß schon viel an Gedachtem da sein muß, ehe man von da aus Einkehr halten kann in das Erdenken.

Was dieser Zwang zu naiver Theorie bedeutet, dem jede Wissenschaft in ihren Anfängen unterworfen bleibt, das tritt nirgends so greifbar hervor wie im Angesichte der restlichen, der Frage nach dem nationalökonomischen Grundproblem! Allwirtschaftslehre, als der Versuch abgeklärter Theorie des Wirtschaftslebens, steht und fällt mit der Antwort auf diese Frage. Natürlich lassen sich alle die Probleme, die von jenem grundlegendsten her ausstrahlen, niemals vollständig übersehen; allein schon der Reichtum des Lebens und seiner Wandlungen sorgt für ewige Unruhe in der Problematik unserer Wissenschaft. Im Grundsatz aber bleibt reife Theorie nur so denkbar, daß von jenem, alles umspannenden Grundproblem aus ein streng geschlossener Gedankengang führt nach allen anderen Problemen. Unbedingt also von dort her richtet sich die ganze Bewegung des theoretischen Denkens einheitlich aus. Darum gebührt der Frage nach dem Grundproblem unbestritten der Vortritt. Gälte aber ein Gleiches auch für die naive Theorie, für die Anfänge der Wissenschaft? Nun, würde man annehmen, die Geburt einer Wissenschaft fiele sofort mit dem Bewußtwerden ihres Grundproblems zusammen, so kommt dies entfernt wohl der Vorstellung gleich, Deutschland hätte am 28. August 1749 geflaggt, weil Goethe zur Welt kam.

Mittelbar verrät sich damit auch die Wortgebundenheit des theoretischen Denkens als etwas zu seiner Zeit Notwendiges; dem Denken ist sie unentratbar für sein erstes Einsetzen gegenüber der Wirklichkeit. Stets nur den nämlichen Worten entlang, »Wirtschaft«, »Gut«, »Wert«, »Preis«, »Kapital« usw., mit denen das Leben über sich selber zu sprechen pflegt, tastet sich die junge Wissenschaft an die Tatbestände des Lebens heran. Allmählich spielen diese Worte dann die Vertreter der Probleme, um deren Lösung das wissenschaftliche Denken ringt, im unablässigen Versuche, den Zusammenhang der Tatbestände zu entwirren. Die geistigen Kräfte, die sich dabei in ihnen auswirken, verdanken die Worte selber dem sprachschaffenden Denken, aller Wissenschaft voran. Indem sie nun zu Leitworten der Theorie aufsteigen, als deren »Grundbegriffe« empfunden werden, tritt das wissenschaftliche Denken offenkundig in die Fußtapfen des vorwissenschaftlichen. Letzten Endes vom Alltag her entlehnt also die Theorie ihre Problematik. Und wenn es nun der Alltag der Erwerbswirtschaft ist, verfällt die Theorie somit der Einbindung in die einseitig erwerbswirtschaftlich ausgerichtete Problematik. Es »kommerzialisiert« sich die Theorie. Ungefähr so verläuft der Erkenntnisweg der Wissenschaft, bevor Selbstbesinnung eingreift.

Als schüchterner Ansatz regt sich dann erstmals die Besinnung auf den Vorwurf der Wissenschaft, auf ihren »Gegenstand«. Der bisher nur werdenden Wissenschaft mußte dies noch fremd bleiben. Solches Besinnen steht notwendig erst der gewordenen Wissenschaft zu. Zur Nationalökonomie mußten sich alle möglichen Teilerkenntnisse von da und dort zusammenfinden, von Geld und Finanzen, von Landwirtschaft und Handel her, die nun zu einem Lehrgebäude, einem »System« zusammengefaßt wurden, und zwar hauptsächlich im Zeichen der Technik richtiger Führung eines städtischen oder fürstlichen Haushaltes und der öffentlichen Verwaltung dahinter. Für diesen neuen Bereich von Erkenntnis ertastet sich anfänglich nur das Sprachgefühl den Namen, entleiht ihn dem umfassendsten Tatbestand, der Wirtschaft überhaupt, und scheidet ihn durch wechselnde Bestimmungen von seiner älteren Verwendung für engere Vorwürfe; so beginnt man, in Abscheidung von der »ländlichen« nun von »politischer Ökonomie« zu sprechen, von »Nationalökonomie« und Ähnlichem. Es wäre eigentlich anzunehmen, der einmal eingebürgerte Name hätte, mindestens in seinem Kernteil »Wirtschaft«, gleich anfänglich zum Schlüsselwort gedient für die Deutung des Benannten, also der Wissenschaft selber. Tatsächlich ging jedoch die Besinnung zunächst nur auf das Greifbarste des herkömmlichen Inhaltes, auf das Gut! So blieb »Sachgüterversorgung« in dieser Hinsicht die bündigste Art, wie sich die Theorie durch Angabe ihres Inhaltes selber den Paß auszustellen wußte. Im übrigen verließ man sich für die Deutung, wo denn

Nationalökonomie eigentlich hinaus will, meist auf das Schema F der Naturwissenschaft: Nationalökonomie wäre die »Lehre von den Gesetzen der Volkswirtschaft«!

Für den durchschnittlichen Stand der fachlichen Selbsterkenntnis ist aber nichts so bezeichnend wie die Art, in der heute noch viele Lehrbücher alle Skrupel des Woher und Wohin ihrer Wissenschaft unter dem Diktum begraben: »Volkswirtschaftslehre ist die Lehre von der Volkswirtschaft«! Allerdings. Im Grunde aber wird da eigentlich nur die Bindung an das Wort offen und ehrlich einbekannt. Hingegen täuscht es immer schon etwas vor, es geschieht mehr nur, um das Gesicht zu wahren, wenn man irgendeine, wie aus der Pistole geschossene »Definition der Wirtschaft« vorangestellt sieht, oder sogar eine »Definition der Volkswirtschaft«. Denn selbst nach einer wortreichen Explikation dieser Deutung, zumeist mit Ausflügen ins Geschichtliche, pflegt schlecht und recht wieder nur die »Güterlehre« aufzumarschieren. Es hat eben jenes überragende Beginnen von Karl Knies, Volkswirtschaft bewußt als Gebilde zu erfassen, während sie vorher höchstens im stillen so behandelt und gewürdigt wurde, zunächst bloß der Empirie unserer Wissenschaft gefruchtet. Für die Theorie blieb »Volkswirtschaft« die bloße Wortmarke im Namen jener Wissenschaft, die selber nach wie vor das »Güterleben« zu ihrem Inhalt wählte.

22. Nur auf Umwegen begann man es allmählich wahr zu machen, daß mittlerweile das Wort »Wirtschaft« immer deutlicher als das Schlüsselwort der Wissenschaft empfunden würde. Entweder gab man das »wirtschaftliche Prinzip« als den roten Faden aus, der alle nationalökonomische Theorie durchflicht. Oder man griff nach der »wirtschaftlichen Handlung« zurück, um sie als den »elementaren« Erfahrungsstoff der Wissenschaft hervorzustellen. Auch in letzterer Hinsicht war aber der Selbsterkenntnis der Nationalökonomie kein besonderer Dienst erwiesen. Denn nur bei der so ganz anders, so viel schlichter gearteten Fragestellung der systematischen Soziologie liefert die Handlung, als Einheit des »verstehbaren« Geschehens, den richtigen Angriffspunkt. Übrigens zeigt sich, von daher gesehen, dann selbst das Wortgefüge »Sozialökonomik« in einer geistigen Verkürzung, bei der auch sein innerer Widersinn sozusagen einschrumpft. Der Ausdruck wird also verzeihlicher. So ist es auch kein Zufall, wenn dieser neue Name in Heinrich Dietzel seinen Schöpfer fand. Ihm, in Sachen der »wirtschaftlichen Handlung« gleichwie Schäffle in Sachen des »wirtschaftlichen Prinzips«, darf man auch das Streben nachrühmen nach einer streng einheitlichen Ausrichtung der Theorie, hier von der »Handlung«, dort vom »Prinzip« her. Mindestens seiner Idee nach taucht bereits hiermit das alles beherrschende Grundproblem auf, wenn auch der Griff nach seinem Inhalt noch fehlgeht. Unverkennbar regt sich erstmals die Auflehnung gegen die blinde Herrschaft des Wortes und gegen das starre Schema des Erkennens in Gestalt der »Güterlehre«.

Inzwischen waren die beiden Grundauffassungen zusammengeprallt: hie Menger, hie Schmoller; der Drang nach Selbstbesinnung lebt nun auf, gleich dem Recht auch im Streit geboren. Davon laufen zwei ganz verschiedene Strömungen aus. Die eine schlängelt sich am Kern der Sache eigentlich vorbei. Das betrifft die Ausgestaltung einer »Lehre von der Wirtschaft«, zu den sonstigen »Lehren« noch hinzu. Abermals bejaht dies nur die Wortgebundenheit der Theorie, und dies selbst dann, wenn man das gewisse »Abhorchen« nicht gleich zur angepriesenen Methode macht, es vielmehr nur so nebenher einschlüpfen läßt, was das Schlüsselwort alles »meint«. Auch dabei kommt man vom Wort nicht frei. Man bleibt auf die Eingebung vom Wort angewiesen, transverbalen Einflüssen ausgeliefert. Dabei mögen die Ergebnisse der Wirklichkeit noch so nahekommen und auch schon ein einheitlicher Zusammenhang im Erkennen sie auszeichnen, der Weg der Einkehr ist einmal nicht zu Ende beschritten; das Ganze setzt an die Stelle der »klassischen« Frühreife bloß eine Notreife unserer Theorie.

Die andere Strömung führt in den Kern der Sache hinein. Freilich, dem äußeren Verlauf nach scheint sich wenig zu ändern. Woher kommt dies? Jene »Lehre von der Wirtschaft« kann ihren vernünftigen Sinn auch nur in der Absicht sehen, daß sich dabei der Tatbestand klärt, mit dem es unsere Wissenschaft zu tun hat. Hier wäre jedoch jeder Zweifel sinnlos, ob man von »Wirtschaft« reden soll. Denn nicht nur ist es geradeaus die Lehre »von der Wirtschaft«: hier steuert ausdrücklich das Wort selber, ob nun offen oder verstohlen, mit seinen geistigen Kräften wesentlich dazu bei, die Eigenart des Tatbestandes zu ermitteln. Nun bleibt zwar gerade dieses auf dem anderen Wege, beim Ausgang von Problemen statt von Worten, grundsätzlich vermieden; allein, dem Tatbestand selber, wie gesagt, kann man schließlich den Namen »Wirtschaft« doch nicht vorenthalten. In diesem Punkte ändert sich allerdings nichts. »Wirtschaft«, übrigens, ist dann im näheren Sinn des »Wirtschaftslebens« zu verstehen, nicht also im Sinne einer »Wirtschaftsweise« — gleich »Erwerbswirtschaft« — oder gar eines »Wirtschaftsgebildes«; kürzend spricht man eben in allen drei Fällen von »Wirtschaft«.

Gegen diese Nennung ist auch von keinem Standpunkt aus etwas einzuwenden. Der Kampf gegen das Wort gilt ja nicht den Worten als solchen. Er ist beileibe keine Sache der bloßen Terminologie, sondern der letzten Erkenntniskritik. Worauf er es einziglich münzt, ist die ungebührliche Rolle des Wortes beim Erkennen. Es ist eben für die Dauer unerträglich, daß ein erfahrungswissenschaftliches Denken von blind hinzunehmenden Worten seine zeitlich ersten und zugleich logisch letzten Ausrichtungen erleiden soll. Dem so verstandenen Herrschtum der Worte über das theoretische Denken, dem soll der Garaus gemacht werden. Dagegen steht nichts im Wege, daß man selbst diese Worte, sobald ihnen nur einmal die Giftzähne ausgebrochen sind, im Namensdienst so verwendet, wie es Sprachgebrauch und Zweckmäßigkeit erheischen. Es ist richtig, einst habe ich mich auch dagegen gesträubt; diese Worte seien »zuschanden gedacht«, sie taugten nichts mehr für den Dienst eines Namens. Aber davon bin ich längst zurückgekommen, ebenso von der Skepsis gegenüber dem »Wirtschaft« nennbaren Tatbestand selber. Vollzieht man aber diese Nennung, dann allerdings scheint dem Äußeren nach alles beim alten zu bleiben. Die mehrerwähnte Formel für diesen Tatbestand sieht einer »Definition der Wirtschaft« gleich, wie ein Ei dem anderen. Der ganze Gedankengang, der zu ihr führt, bewegt sich also scheinbar im Zuge der banalen Frage: »Was ist Wirtschaft?« Worin beruht nun trotzdem der grundwesentliche Unterschied?

23. Schon für den Hergang darin, daß nicht die Sache zum Wort, sondern das Wort zur Sache hinzutritt. Darum ist es eine wahrhafte Nennung, nicht aber eine jener »Bestimmungen«, wo dann, ähnlich wie Münchhausen sich beim eigenen Zopf aus dem Sumpfe zerrt, das Benannte sich bei seinem Namen aus dem Ungewissen ziehen soll. Hier führt vielmehr zur Sache hin, auch wenn sie unweigerlich dem Namen der »Wirtschaft« verfällt, ein weitausholender Gedankengang, der mit diesem Worte gar nichts zu schaffen hat. Dieser Gedankengang aber fällt mit der Ableitung des nationalökonomischen Grundproblems zusammen! So entfernt sich hier auch der Inhalt des Beginnens weit von einer bloßen Deutung eines Wortes.

Wie ist es aber möglich: es soll der nämliche Gedankengang sowohl zum Tatbestand führen, der unserer Wissenschaft als Vorwurf gilt, wie auch zum Grundproblem dieser Wissenschaft? Nun, für eine Erfahrungswissenschaft schwebt ihr Grundproblem nicht aus Wolkenkuckucksheim herab. Schon ihr Grundproblem ist bodenständig in solchem Grade, daß es verschwistert bleibt mit dem Tatbestand selber. Das Wechselverhältnis, das hier webt, läßt sich von beiden Seiten her aufrollen. Einmal kann man sagen: der Tatbestand des Namens »Wirtschaft«, richtig als Problem gesehen, ergibt schon das nationalökonomische Grundproblem. Ebensogut läßt sich sagen: das menschliche Zusammenleben, aus dem Gesichtswinkel des nationalökonomischen Grundproblems gesehen, ergibt den Tatbestand, den man nicht anders als »Wirtschaft« nennen kann.

Man denke sich einen bunten Mosaikboden, nicht figural, nicht streng geometrisch gezeichnet, aus Steinchen von drei Farben gefügt. Von ihm ist uns ein Gesamteindruck zugänglich. Aber es steht uns außerdem frei, bald nur jene Figur herauszusehen, zu der sich die roten Steinchen unwillkürlich zusammenschließen, wofür dann die zurücktretende Masse der blauen und weißen Steine den unbestimmten Grund abgibt; bald in gleicher Weise nur die blaue, bald endlich nur die weiße Figur. Das Ganze liefert ein freilich nur plumpes Bild dafür, was unserem geistigen Blick gegenüber dem menschlichen Zusammenleben offen steht! Als Gesamteindruck bleibt da nur die »Schau« möglich. Unser begriffliches Denken aber heftet sich einseitig entweder an die rote oder die weiße oder die blaue Figur. Das hängt von der Einstellung des Denkens ab, und diese entspricht dem Problem, unter dessen Gesichtswinkel über das Zusammenleben gedacht wird.

Zunächst ist es Ein großes Problem, das so recht vom Grund aus das Zusammenleben zu bewältigen erlaubt: das Problem der gestaltungsmäßig verbürgten Dauer; Dauer im Sinne des innerlich erarbeiteten Bestandes der Gebilde, bei richtiger Einpassung in die Umwelt, im Sinne also der gesicherten Wiederkehr des erlebten Geschehens. Das ist jenes Problem der

Andauer, das sich mit dem empirischen Grundgedanken alles Lebens überhaupt berührt — soweit eben das Leben dem begrifflichen Denken noch zugänglich bleibt. Aber dieses Problem spaltet sich notwendig auf und begründet so durch die Dreizahl der Grundprobleme das mehrerwähnte Dreierlei der »engeren Sozialwissenschaften«. Stellt man beispielsweise den Blick auf das Spiel ein zwischen Bedarf und Deckung, dann hebt sich aus dem »Realobjekt«, das ist allemal das menschliche Zusammenleben, der Tatbestand des Wirtschaftslebens heraus, als das gesonderte »Erkenntnisobjekt« unserer Wissenschaft. Nationalökonomisch denken heißt, das menschliche Zusammenleben einseitig zu erfassen als Gestaltung im Geiste dauernden Einklangs zwischen Bedarf und Deckung, um so auch in dieser Weise gestaltungsmäßig verbürgte Dauer, Leben zu sehen; in diesem Falle Wirtschaft als Leben. Und in dieser Einseitigkeit des Denkens prägt sich jenes fundamentale Problem aus, von dem alle übrigen nationalökonomischen Probleme letzten Endes ausgehen.

Mit so verzweifelt weiten Vorgriffen, in Gestalt loser Andeutungen, ist natürlich der Klarheit wenig gedient. Da hilft auch die fernere Andeutung nicht viel, daß jenes Dreierlei des Gestaltung suchenden Denkens — eingestellt bald auf den Einklang zwischen Bedarf und Deckung, bald auf den Einklang zwischen Zwang und Freiheit, bald auf den inneren Zusammenhalt zu Gemeinschaft — auch empirisch übereinstimme mit drei großen Willensrichtungen des Lebens, deren ungefährer Zug sich recht ungenau in den drei Schlagworten malt: Not, Macht, Liebe. Vielleicht aber schwindet wenigstens das Mißtrauen, als ob das Ganze doch nur eine umschreibende Deutung von Worten wäre. Für einen so geschlossenen Gedankengang könnte die Klügelei aus dem Worte heraus ohnehin nichts fruchten. Aber selbst wenn alles unklar geblieben wäre, so viel sieht man mindestens doch ab, daß der angedeutete Gedankengang weit über die Fachwissenschaft hinausdrängt, dem Punkte zu, wo sich abermals alle Fachwissenschaften vom Zusammenleben in ihrer inneren Einheit bewähren!

24. Hier rundet sich auch das Zwiegespräch mit der Soziologie. Drängen jene Grundfragen der Fachwissenschaft ganz in der Richtung, daß man abermals der inneren Einheit aller Fachwissenschaften unseres Kreises gewahr wird, heißt dies nicht wieder Soziologie treiben? Ohne Zweifel: »Soziologie als Erkenntnislehre«! Es gilt da ausgesprochen erkenntniskritische Leistungen, ein besinnliches Versenken in den Tatbestand des Zusammenlebens, tief genug, daß man es absieht, welcher Art Erkenntnis überhaupt und wievielerlei Erkenntnisweisen im besonderen dort »möglich« wären, wo das menschliche Zusammenleben zum Vorwurf wird.

Grundsätzlich steht nichts im Wege, dieses heikle Geschäft als eine Aufgabe ganz für sich zu besorgen. Das würde sich im Stoffe und im Ziele, keineswegs im Vorgang, ungefähr damit berühren, wie Othmar Spann die Soziologie überhaupt auffaßt, als »Analyse des formalen und materialen Gesellschaftsbegriffes«. Ob hier tatsächlich eine Fachwissenschaft vorliegt, dazu fällt noch ein Wort. Im übrigen verbietet sich ein Austrag an dieser

Stelle. Nur soviel bringt sich ganz von selber hier in Erinnerung, daß ich zwar schon die längste Zeit von Soziologie, niemals aber — oder doch einmal nur in einem ganz abgesonderten Sinne — von »Gesellschaft« gesprochen habe, geschweige von »dem Gesellschaftsbegriff«! Ich spreche immer vom Tatbestand des menschlichen Zusammenlebens. Das will sagen, ich suche für jenen Tatbestand, der so wuchtig tatsächlich und auch gedanklich so unverwechselbar ist wie unser eigenes, ichbejahendes Leben, für diesen Tatbestand suche ich nach der denkbar harmlosesten, unvorgreiflichsten Wendung: Zusammenleben, als Dauer im Wechselspiel von Leben zu Leben der Beteiligten. Man wird es vielleicht herausfühlen, wie dies nicht eine faule Umschreibung besagt, sondern gleichsam ein Zurücktreten auf festen Grund. Das hierdurch ermöglichte Totschweigen der »Gesellschaft« aber ist weder Marotte noch Mache, sondern imperativster Zwang der richtigen Gedankenführung hier. Selbst wenn man menschliches Zusammenleben und Gesellschaft so weit hin gleichsetzt, daß man »Gesellschaft« als das Gebilde ansieht, in welchem das Zusammenleben aufgehoben wäre, so unterläuft hier eine »kategoriale Verschiebung«, die nicht weniger problematisch ist, als der Denkinhalt des Wortes »Gesellschaft« selber. Man kann aber doch nicht für den Kampf gegen die »Herrschaft des Wortes« plädieren, um die ganze Untersuchung schließlich und geradeaus in den gähnenden Rachen eines der problematischsten aller Worte hineinzujagen. Denn nicht einfach die »Vieldeutigkeit« dieses Wortes ist die Gefahr, abermals die verstohlene Problematik dahinter!

Aus welchem Grunde soll jene soziologische Erkenntnislehre nicht auch wieder nur eine Spielart der »Soziologie« als Fachwissenschaft« sein? Ich stelle die Gegenfrage: Was führt dazu, derlei Erkenntnislehre zu treiben? Doch vor allem die Absicht, in der eigenfachlichen Theorie mit besonderem Vorbedacht zu verfahren, selbstbesonnen. Dies scheint mir der typische Fall, an »Soziologie als Erkenntnislehre« zu arbeiten. Somit breitet sich hier ein Arbeitsfeld aus, das aus Zwang der Lage von ganz verschiedenen Seiten her bestellt werden muß, von all den verschiedenen Fachwissenschaften her. Schlechthin ein Grenzgebiet ist es sicherlich keines. Zwar stoßen alle »inbegrifflich-soziologischen« Fachwissenschaften hier tatsächlich zusammen; aber sie tun es in der bedeutsamen Art, daß sie alle sich hier in ihrer höchsten theoretischen Zuspitzung zusammenfinden, ausdrücklich je mit ihrem Kerngebiet. Auch eine »Theorie der Theorien« ist es nicht in dem gewöhnlichen Sinne, der schließlich für alles Methodologische zutrifft. Auch das ist es vielmehr in jenem tiefsten Sinn, daß hier für alle Fachwissenschaften das gemeinsame Herz ihrer Problematik schlägt. Dieses Arbeitsfeld ist einzigartig schon deshalb, weil jede Fachwissenschaft an dieser Stelle befugtermaßen in eigener Sache spricht; und doch pfuscht sie hier den übrigen ins Handwerk! Haben doch auch diese ihre eigene Sache zu vertreten. Auf dieses Arbeitsfeld muß sich früher oder später jede der Fachwissenschaften hinauswagen. Denn für jede steht hier das Ureigenste ihrer Haltung als Wissenschaft in Frage. So handelt es sich für jede um eine wahre Gewissenserforschung. Kann man sich dieses höchst persönliche Geschäft nun gleichsam gewerbsmäßig von einem Dritten besorgt denken, der hier für alle im »übertragenen Wirkungskreis« tätig wäre, so daß er dieses seltsame Arbeitsfeld bestellt, gleich einer richtigen Fachwissenschaft?

Freilich, im Grundsatze darf auf dieses Gebiet die Philosophie Anspruch erheben, von ihrem Beruf her als Wissenschaftslehre. Auf ihrer Seite ist sehr viel Erfreuliches geleistet worden. Die Namen **Dilthey**, **Windelband** und **Rickert**, **Schuppe** und **Münsterberg**, **Scheler** und **Lask**, **Husserl** und **Spranger**, **Simmel** nicht zuletzt, liefern rühmlichste Beispiele. Aber die unerfreulichen Beispiele fehlen auch nicht. Die Formel, mit der neuestens **Vaihinger** die nationalökonomische Theorie seiner »Als-ob«-Philosophie einschachtelt, scheint hier seitab zu bleiben. Denn ihm ist es überhaupt nur um Fiktionen zu tun. Wo aber schier alles Fiktion ist, wie in der »Güterlehre«, wie lehrreich hätte da für beide Teile eine nur etwas tiefere Analyse ausfallen können! Als Beispiel aus etwas früherer Zeit lese man nach, auf welcher bescheidenen, die Verzeihlichkeiten der communis opinio kaum überragenden Höhe sich die Ausführungen halten, mit denen **Wilhelm Wundt** in seiner Logik der Nationalökonomie den Paß ausstellt. Niemand wird so beschränkt sein, daß er der eigenen Meinung zu Gefallen gleich eine vernichtende Kritik erwartet. Aber doch Kritik überhaupt, nicht bloß immerzu die gar nicht neue Art, über die alte Misere duldsam hinüber zu sprechen! Die Gefahr, die solcher »Gewissenserforschung im Hauptberuf« droht, liegt ja auf der Hand; die Gefahr, daß da Klitterungen ohne Seele herauskommen, die an das Leben der Fachwissenschaft gar nicht heranfinden; und nicht nur, weil eine bloße Einfühlung in das Um und Auf der Facharbeit niemals dessen Erlebnis aufwiegen kann. Mehr noch, weil diesem gewerbsmäßigen Tun überhaupt der tiefere Sinn versagt bleibt, der Sinn heißen Ringens nach der Selbstbesinnung über das lebenfüllend eigene Tun!

Solches Ringen ist die Soziologie der hier gemeinten, sublimsten Art; sein Preis aber die Allwirtschaftslehre, verstanden als nationalökonomische Theorie, geläutert in soziologischem Geiste — **im Geiste Max Webers!**

Printed by Libri Plureos GmbH
in Hamburg, Germany